AF544199

Tunesisches Kochbuch

70 leckere & exotische Gerichte aus Tunesien

Inklusive Frühstücksgerichte, Gerichte mit Fleisch und Fisch, vegetarisch und vegan, Desserts und Spezialrezepte

Alle Ratschläge in diesem Buch wurden sorgfältig erwogen und geprüft. Eine Garantie kann dennoch nicht übernommen werden. Eine Haftung des Autors beziehungsweise des Verlags für jegliche Personen-, Sach- und Vermögensschäden ist daher ausgeschlossen.

Tunesisches Kochbuch: 70 leckere & exotische Rezepte aus Tunesien – Inklusive Frühstücksgerichte, Gerichte mit Fleisch und Fisch, vegetarisch und vegan, Desserts und Spezialrezepte
Copyright © 2021 Simple Cookbooks

Alle Rechte, insbesondere das Recht der Vervielfältigung und Verbreitung der Übersetzung, vorbehalten. Kein Teil des Werkes darf in irgendeiner Form (durch Fotokopie, Mikrofilm oder ein anderes Verfahren) ohne schriftliche Genehmigung des Verlages reproduziert oder unter Verwendung elektronischer Systeme gespeichert, verarbeitet, vervielfältigt oder verbreitet werden.

Vorwort

Wir freuen uns, dass Sie sich für dieses Kochbuch entschieden haben. In diesem Buch finden Sie leckere und traditionelle Rezepte aus Tunesien. Lassen Sie sich den ganzen Tag über, vom Frühstück bis zum Dessert, von köstlichen Kompositionen aus Tausendundeiner Nacht faszinieren.

Genießen Sie die Gemüsevielfalt der einzelnen Speisen in Kombination mit allerlei Gewürzen. Die ausgewogene Schärfe und das Zusammenspiel der einzelnen Aromen werden Sie regelrecht süchtig machen. Die orientalisch-mediterrane Küche Tunesiens ist bekannt dafür, dass Sie unvergessen bleibt.

Wenn Sie das Fernweh plagt und Sie keine Zeit oder Möglichkeit dazu haben, in den Urlaub zu fliegen, dann kann allein der Gedanke an ein exotisches Essen Ihnen den Tag verschönern. Holen Sie sich ferne Köstlichkeiten in Ihre vier Wände und kochen Sie sich leckere Speisen auf traditionelle tunesische Art.

Das eine oder andere Rezept können Sie durchaus abwandeln. Dabei sind Ihrer Fantasie keine Grenzen gesetzt. Sehen Sie die Gerichte als Inspiration und tauschen Sie die eine oder andere Zutat einfach einmal aus. Aus den angegebenen Rezepten können Sie so im Handumdrehen neue Variationen zaubern. Seien Sie mutig und werden Sie neugierig!

Probieren Sie auch die Spezialrezepte aus, die nicht nur landestypisch, sondern auch schnell und einfach nachzukochen sind. Wenn der herrliche Geruch der Gewürze Ihre Räume durchströmt und Sie das Selbstgekochte genießen, werden Sie verstehen, warum die tunesische Küche als die sinnlichste Küche der Welt bezeichnet wird.

Verwöhnen Sie sich, Ihre Liebsten und Ihre Freunde mit außergewöhnlichen Speisen und kommen Sie mit auf eine kulinarische Reise durch Tunesien!

Guten Appetit!

INHALT

Tunesische Esskultur

Die tunesische Küche bietet vielseitige Speisen. Dabei vereinen sich französische und afrikanische Aromen mit der landestypischen Schärfe.

Gerade wenn Sie ein geselliger Mensch sind, kommen Ihnen die einzelnen Rezepte zugute. Die Tunesier behaupten, dass zum Beispiel ein Couscousgericht nicht für Einzelpersonen gedacht ist. Diese Speise würde nur schmecken, wenn man sie für viele Menschen kocht. Daher sind die meisten Rezepte in diesem Buch für mehrere Personen berechnet.

Die Märkte Tunesiens mit ihren prachtvollen Angeboten an Gewürzen, Fleisch, Gemüse und Obst sind leider nicht gerade vor Ihrer Haustür. Dennoch müssen Sie auf die einzelnen Zutaten nicht verzichten! Mittlerweile gibt es gut ausgestattete Geschäfte, die die frischen Zutaten und vor allem ein breites Angebot an exotischen Gewürzen führen.

WAS IST DER UNTERSCHIED ZWISCHEN TUNESISCHEM UND EUROPÄISCHEM ESSEN?

Die Geschichte Tunesiens hat auch weitgehend auf die regionalen Speisen Einfluss genommen. Daher finden Sie in allen Rezepten arabische, berberische, türkische, jüdische, französische und sogar italienische Akzente. Sie werden feststellen, dass die Grundzutaten zwar unseren europäischen Nahrungsmitteln entsprechen, die Basis der Rezepte jedoch weitgehend auf Harissa gestützt ist. Diese Gewürzpaste, bestehend aus scharfen Chilis, Koriandersamen, Kreuzkümmel, Knoblauch, Salz und Olivenöl, ist daher aus der tunesischen Kochkunst nicht wegzudenken. In der europäischen Küche kommen zwar auch verschiedene Gewürze zum Einsatz, jedoch hält sich deren Kombination dabei in einem überschaubaren Rahmen.

Sie werden feststellen, dass auch die Menge an Olivenöl deutlich größer ist, als Sie es von Ihren herkömmlichen Speisen gewohnt sind. Das kommt daher, dass Tunesien einer der größten Olivenölproduzenten außerhalb Europas ist und sich das deutlich in den Gerichten niederschlägt.

Falls Sie beim Kochen das Schweinefleisch vermissen, liegt es an der Tatsache, dass das Land muslimisch ist und daher Huhn, Lamm, Kalb, Rind, Fisch und Meeresfrüchte die Rezepte begleiten.

"TAJINE", DAS ETWAS ANDERE KOCHGEFÄß

Eines der wichtigsten Kochutensilien in der tunesischen Küche ist eine Tajine. Dabei wird nicht nur das Gefäß so bezeichnet, sondern auch die Speisen, die man darin zubereitet. Der Korpus der Tajine besteht aus gebranntem Lehm. Das Unterteil ist eine Schale, diese wird während des Kochvorgangs mit einem spitz zulaufenden Deckel abgedeckt. Dadurch werden die Speisen langsam geschmort und die enthaltenen Zutaten können so ihr volles Aroma entfalten.

Kochen in einer Tajine ist ein Trend geworden und macht richtig Spaß, wenn Sie erst einmal damit gearbeitet haben. Die von uns vorgeschlagenen Rezepte können Sie natürlich auch in einfachen Töpfen oder im Backofen zubereiten. Dennoch besteht die Möglichkeit, die Gerichte in einer Tajine zu kochen. Wie Sie es angehen, ist egal, wichtig ist nur, dass Ihnen das Ergebnis schmeckt!

Frühstück

TOMATEN UND FETA MIT EI

Nährwerte: 333,6 kcal, 4,2 g Kohlenhydrate, 30,6 g Fett, 9,6 g Eiweiß

Zubereitungszeit: 10 Minuten
Schwierigkeitsgrad: leicht
Portionen: 2

Zutaten:

3 Eier
1 Tomate
1 kleine rote Zwiebel
40 g Feta
3 EL Öl
1 EL gehackte Petersilie
Pfeffer
Salz

Zubereitung:

1. Schneiden Sie den Feta in kleine Würfel und geben Sie die aufgeschlagenen Eier in eine Schüssel.

2. Fügen Sie den Feta hinzu, würzen Sie das Ganze mit Salz und Pfeffer und verrühren Sie das Gemisch.

3. Waschen Sie die Tomate und schälen Sie die Zwiebel. Schneiden Sie beides in kleine Stückchen.

4. Geben Sie das Öl in eine Pfanne und erhitzen Sie es. Rösten Sie die Zwiebel und dann die Tomatenstücke an und fügen Sie anschließend das Eier-Feta-Gemisch dazu. Wenn das Ei gestockt ist, streuen Sie als Garnitur die Petersilie darauf.

Tipp: Dazu gibt es Toastbrot!

GAMBAS

Nährwerte: 92,6 kcal, 5,0 g Kohlenhydrate, 1,0 g Fett, 16,0 g Eiweiß

Zubereitungszeit: 25 Minuten
Schwierigkeitsgrad: leicht
Portionen: 4

Zutaten:

8 rohe Gambas
1 kleine Dose gehackte Tomaten
1 Knoblauchzehe
½ Bund frische Minze
2 EL Olivenöl
½ TL weißer Pfeffer
Salz

Zubereitung:

1. Waschen Sie die Minze, tupfen Sie sie trocken und zupfen Sie die Blättchen ab. Danach waschen Sie auch die Gambas, entfernen den Kopf und halbieren sie.

2. Schälen Sie den Knoblauch, pressen Sie ihn durch eine Knoblauchpresse und verrühren Sie ihn dann mit dem Öl. Geben Sie das Gemisch in eine Pfanne und erhitzen Sie es. Fügen Sie die Gambas hinzu und braten Sie sie von beiden Seiten an. Löschen Sie das Ganze mit den Tomaten ab und würzen Sie das Gemisch mit Salz und Pfeffer.

3. Lassen Sie das Ganze 10 – 12 Minuten köcheln. Geben Sie zwei Minuten vor Ende der Garzeit die Minzblätter dazu.

Tipp: Sie können diese Delikatesse auch im Backofen oder in einer Tajine zubereiten!

SERAIL – FRÜHSTÜCKSPLATTE

Nährwerte: 240,5 kcal, 7,8 g Kohlenhydrate, 15,3 g Fett, 16,5 g Eiweiß

Zubereitungszeit: 15 Minuten
Schwierigkeitsgrad: leicht
Portionen: 1

Zutaten:
1 Zucchini
2 Tomaten
50 g Feta
5 schwarze Oliven
1 hartgekochtes Ei
1 TL gehackter Dill
etwas Limettensaft
Pfeffer
Salz

Zubereitung:
1. Zerbröseln Sie den Feta und vermengen Sie ihn mit Dill und etwas Pfeffer. Pellen Sie das Ei und hacken Sie es klein.

2. Waschen Sie die Zucchini und schneiden Sie sie der Länge nach mit einem Kartoffelschäler in dünne Scheiben. Bestreichen Sie sie beidseitig mit Limettensaft und verteilen Sie sie fächerförmig auf einem Teller. Bilden Sie aus einer Scheibe in der Mitte einen Ring. Füllen Sie ihn mit etwas Schafskäse.

3. Waschen Sie danach die Tomaten, entfernen Sie den Stielansatz und schneiden Sie eine davon in Scheiben. Verteilen Sie die Scheiben um den Zucchini-Ring. Die zweite Tomate halbieren Sie, höhlen sie aus und füllen sie mit zerbröseltem Feta. Platzieren Sie die Hälften danach auf zwei entgegengesetzten Seiten des Tellers.

4. Zum Schluss verteilen Sie das gehackte Ei auf den Tomatenscheiben und dekorieren das Ganze mit den Oliven.

Tipp: Fladenbrot oder ein schönes Frühstücksgebäck sollten Sie dazu auf jeden Fall anbieten!

SPINAT-BAGUETTES

Nährwerte: 572,2 kcal, 58,2 g Kohlenhydrate, 21,1 g Fett, 28,2 g Eiweiß

Zubereitungszeit: 25 – 30 Minuten
Schwierigkeitsgrad: leicht
Portionen: 8

Zutaten:

16 Baguette-Brötchen
500 g Spinat
200 g Thunfisch (aus der Dose, im eigenen Saft)
400 g Ricotta
100 g geriebener Mozzarella
6 Eier
50 g Butter
1 TL Kurkuma
1 TL Tabil
1 TL Paprikapulver (scharf)
1 TL Pfeffer
1 TL Salz

Zubereitung:

1. Lassen Sie den Thunfisch abtropfen. Waschen und verlesen Sie den Spinat, trocknen Sie ihn und schneiden Sie ihn in grobe Stücke. Dünsten Sie ihn danach in der Butter an.

2. Heizen Sie den Backofen auf 180 °C Ober-/Unterhitze vor und belegen Sie ein Backblech mit Backpapier. Scheiden Sie die Brötchen der Länge nach durch.

3. Schlagen Sie die Eier schaumig und verrühren Sie den Thunfisch und Käse mit dem Gemisch. Rühren Sie die Gewürze hinein und heben Sie den Spinat unter die Eimasse.

4. Legen Sie die Baguettes mit der aufgeschnittenen Seite nach oben auf das Backblech und verteilen Sie auf jeder Brötchenhälfte etwas von dem Gemisch.

5. Backen Sie das Ganze ca. 15 – 20 Minuten, bis die Oberfläche goldbraun ist.

Tipp: Diese Baguettes sind auch kalt eine Delikatesse!

BAGHRIR

Nährwerte: 72,4 kcal, 14,6 g Kohlenhydrate, 0,2 g Fett, 2,8 g Eiweiß

Zubereitungszeit: 80 Minuten
Schwierigkeitsgrad: leicht
Portionen: 10

Zutaten:

125 g feiner Weichweizengrieß
75 g Mehl
1 TL Zucker
½ TL Backpulver
1 TL Trockenhefe
1 Prise Salz
400 ml lauwarmes Wasser
etwas flüssige Butter oder Honig zum Bestreichen

Zubereitung:

1. Geben Sie den Grieß, das Mehl, Salz und Backpulver in eine große Schüssel und verrühren Sie das Ganze. Verquirlen Sie das warme Wasser mit der Hefe und dem Zucker und fügen Sie das Gemisch der trockenen Zutaten hinzu. Sobald eine homogene Masse entstanden ist, decken Sie die Schüssel mit einem Tuch ab und lassen den Teig ca. 45 – 60 Minuten an einem warmen Ort gehen.

2. Geben Sie eine Portion von dem Teig in eine beschichtete Pfanne und achten Sie darauf, dass er die Bodenfläche ganz bedeckt. Drücken Sie den Teig dabei so flach wie möglich. Backen Sie das Gebäck so lange bis sich Blasen bilden und diese platzen. Anschließend nehmen Sie es heraus und backen den restlichen Teig genauso aus.

Tipp: Bestreichen Sie diese traditionellen tunesischen Crêpes entweder mit flüssiger Butter oder etwas Honig!

LABLABI

Nährwerte: 381,5 kcal, 35,0 g Kohlenhydrate, 17,1 g Fett, 16,9 g Eiweiß

Zubereitungszeit: 20 Minuten
Schwierigkeitsgrad: leicht
Portionen: 2

Zutaten:

1 kleine Dose Kichererbsen
2 große Brotscheiben vom Vortag
2 Eier, weichgekocht oder pochiert
2 Knoblauchzehen
1 Dose Thunfisch (in eigenem Saft)
etwas Olivenöl
etwas Zitronensaft
Tabel-Karouia
Kreuzkümmelpulver
1 kleines Glas Kapern
1 Handvoll Oliven
Harissapaste (siehe Rezept auf S.104)
Pfeffer
Salz

Zubereitung:

1. Geben Sie die Kichererbsen mit dem Sud aus der Dose in einen Topf und fügen Sie 1 TL Tabel-Karouia und die geschälten Knoblauchzehen hinzu.

2. Lassen Sie das Gemisch einige Zeit köcheln. Würzen Sie noch mit Salz und Pfeffer und gießen Sie ab und zu etwas Wasser nach. Schlagen Sie die Eier dazu und lassen Sie sie stocken.

3. Gießen Sie den Thunfischsaft ab und legen Sie zwei Schalen mit Brot aus. Anschließend geben Sie das warme Kichererbsen-Gemisch darauf und verteilen die Eier auf beiden Portionen.

4. Zerkleinern Sie den Thunfisch mit einer Gabel und geben Sie ihn ebenfalls dazu.

5. Zum Schluss fügen Sie die abgetropften Kapern und die Oliven dazu und beträufeln das Ganze mit etwas Olivenöl.

Tipp: Ein deftiges Frühstück, das satt macht!

THUNFISCH-SANDWICH

Nährwerte: 321,5 kcal, 62,5 g Kohlenhydrate, 3,6 g Fett, 8,9 g Eiweiß

Zubereitungszeit: 60 Minuten
Schwierigkeitsgrad: mittel
Portionen: 16

Zutaten:

1000 g Mehl
1 Hefewürfel
½ TL Zucker
50 ml Olivenöl
500 ml lauwarmes Wasser

Für die Füllung:

2 Dosen Thunfisch (im eigenen Saft)
3 große gekochte Kartoffeln
1 Handvoll entsteinte schwarze Oliven
ein paar eingelegte Zitronenscheiben (siehe Rezept auf S. 102)
4 hartgekochte Eier
1 Salatgurke
4 Tomaten
Harissapaste
Pfeffer
Salz

Zubereitung:

1. Geben Sie das Mehl und das Öl in eine Schüssel. Verquirlen Sie das Wasser, Zucker und Hefe und fügen Sie es zu den trockenen Zutaten hinzu. Kneten Sie daraus einen Teig, decken Sie die Schüssel mit einem Tuch ab und lassen Sie den Teig 1,5 Stunden an einem warmen Ort gehen.

2. Formen Sie ihn danach zu einer Rolle und bilden Sie daraus 16 Brötchen. Setzen Sie sie auf eine bemehlte Arbeitsfläche, lassen Sie sie noch 15 Minuten ruhen und frittieren Sie sie danach in heißem Öl.

3. Bereiten Sie in der Zwischenzeit den Belag vor. Lassen Sie den Fisch abtropfen, pellen und schneiden Sie die Eier sowie die Kartoffeln in kleine Würfel. Waschen und putzen Sie die Tomaten und die Gurke und schneiden Sie diese in Scheiben.

4. Lassen Sie die Brötchen hinterher etwas abkühlen, schneiden Sie sie der Länge nach ein und bestreichen Sie die Unterseite mit der Harissapaste. Belegen Sie die Sandwiches nun nach Ihrem Geschmack mit den restlichen Zutaten und würzen Sie das Ganze mit Salz und Pfeffer.

Tipp: Sie können auch noch andere Zutaten hinzufügen. Erlaubt ist, was schmeckt!

KURKUMABROT

Nährwerte: 476,1 kcal, 88,6 g Kohlenhydrate, 5,2 g Fett, 14,5 g Eiweiß

Zubereitungszeit: 60 Minuten
Schwierigkeitsgrad: mittel
Portionen: 4

Zutaten:
250 g Mehl
250 g Hartweizengrieß
1 Packung Trockenhefe
1 EL Olivenöl
1,5 TL Kurkuma
etwas Salz
1 TL Brotgewürzmischung

Zubereitung:
1. Mischen Sie Grieß und Mehl und geben Sie das Ganze in eine große Schüssel. Verquirlen Sie die Hefe mit etwas lauwarmem Wasser und geben Sie sie mit dem Olivenöl, etwas Salz, Kurkuma sowie dem Brotgewürz zu den trockenen Zutaten. Vermengen Sie das Ganze gut, der Teig sollte dabei elastisch bleiben. Gießen Sie bei Bedarf noch warmes Wasser dazu. Formen Sie eine Kugel aus dem Teig, decken Sie die Schüssel mit einem Tuch ab und lassen Sie den Teig ca. 30 Minuten an einem warmen Ort gehen.

2. Kneten Sie den Teig erneut und teilen Sie ihn in vier Teile. Fetten Sie ein Backblech ein und wärmen Sie es im Ofen vor. Formen Sie aus den Teigstücken Kugeln und drücken Sie jede davon auf dem Backblech flach.

3. Decken Sie den Teig erneut mit einem Tuch ab und lassen Sie ihn weitere 30 Minuten gehen.

4. Heizen Sie in der Zwischenzeit den Backofen auf 200 °C Ober-/Unterhitze vor und backen Sie die Brote für 10 Minuten. Anschließend verringern Sie die Temperatur auf 160 °C. Nach 20 – 25 Minuten können Sie sie aus dem Backofen holen.

Tipp: Süßer Brotaufstrich, aber auch salzige Beilagen passen hier immer!

Gerichte mit Fleisch und Fisch

TUNESISCHE WURSTPFANNE

Nährwerte: 815,2 kcal, 29,4 g Kohlenhydrate, 61,1 g Fett, 33,3 g Eiweiß

Schwierigkeitsgrad: leicht
Zubereitungszeit: 20 Minuten
3 Portionen

Zutaten:

3 große Pellkartoffeln (vom Vortag)
6 große Tomaten
2 EL Olivenöl
1 TL Harissapaste
6 Merguez-Würste
2 Zwiebeln
2 Knoblauchzehen
2 rote Paprikaschoten
1 Prise Kümmelpulver
1 TL Kreuzkümmelpulver
1 Prise Zucker
4 Eier
Pfeffer
Salz

Zubereitung:

1. Waschen Sie die Tomaten, entfernen Sie den Stielansatz und schneiden Sie sie in kleine Würfel. Dünsten Sie sie danach für ca. 4 Minuten in etwas Öl an. Geben Sie nun die Harissapaste, beide Sorten Kümmel, Zucker und das Salz dazu.

2. Schneiden Sie in der Zwischenzeit die Wurst in kleine Scheiben und braten Sie diese in einer weiteren Pfanne an. Fügen Sie das Gebratene zu den Tomaten hinzu.

3. Schälen Sie die Zwiebel, Knoblauch und die Kartoffeln.

4. Waschen, halbieren und säubern Sie die Paprikaschoten und schneiden Sie das Ganze in gleich große Stücke. Geben Sie diese Zutaten anschließend nacheinander zum Tomaten-Wurst-Gemisch.

5. Schlagen Sie die Eier auf und verquirlen Sie sie mit Salz und Pfeffer. Gießen Sie die Mischung zu den anderen Zutaten und lassen Sie sie stocken.

Tipp: Wenn Sie die Kartoffeln weglassen, können Sie auch Couscous dazu servieren!

KÄSEAUFLAUF

Nährwerte: 846,2 kcal, 27,6 g Kohlenhydrate, 60,1 g Fett, 49,0 g Eiweiß

Zubereitungszeit: 75 Minuten
Schwierigkeitsgrad: leicht
Portionen: 4

Zutaten:
300 g Kalbfleisch
100 ml Öl
1 kleine Zwiebel
1 EL Petersilie
2 Knoblauchzehen
4 Kartoffeln
6 Eier
50 g Paniermehl
2 hartgekochte Eier
200 g Käse
1 Msp. Kurkuma
Pfeffer
Salz

Zubereitung:
1. Schälen Sie die Zwiebel, den Knoblauch und die Kartoffeln. Schneiden Sie alles zusammen mit dem Fleisch in kleine Würfel. Rösten Sie die Zwiebel und die Fleischwürfel unter Zugabe von Pfeffer und Salz in dem gesamten Öl an und gießen Sie danach etwas Wasser dazu. Lassen Sie das Ganze für ca. 45 Minuten köcheln.

2. Geben Sie anschließend die Kartoffeln und den gepressten Knoblauch dazu und kochen Sie sie gar. Achten Sie darauf, dass genügend Flüssigkeit im Topf enthalten ist, und gießen Sie bei Bedarf noch etwas Wasser dazu.

3. Pellen Sie die Eier und waschen Sie die Petersilie. Hacken Sie beides klein und schlagen Sie die ungekochten Eier auf. Verquirlen Sie sie mit den kleingehackten hartgekochten Eiern, der Petersilie sowie dem Paniermehl, Kurkuma, Pfeffer und Salz.

4. Rühren Sie die Masse in das Fleisch-Kartoffel-Gemisch und füllen Sie alles in eine gefettete Auflaufform und streuen Sie den geriebenen Käse darüber. Backen Sie den Auflauf für etwa 30 Minuten bei ca. 160 °C.

Tipp: Genießen Sie diesen Auflauf mit einem knackigen Salat!

LAMM MIT KASTANIEN

Nährwerte: 426,3 kcal, 54,2 g Kohlenhydrate, 7,6 g Fett, 29,2 g Eiweiß

Zubereitungszeit: 120 Minuten
Schwierigkeitsgrad: leicht
Portionen: 4

Zutaten:
500 g Lammfleisch
120 g Kichererbsen
500 g Maronen
2 EL Rosinen
2 Stangen Staudensellerie
4 Knoblauchzehen
1 Zwiebel
1 Chilischote
1 TL Zimt
2 Sternanis
2 Lorbeerblätter
6 Nelken
½ Zitrone
3 EL Olivenöl
Pfeffer
Salz

Zubereitung:
1. Schälen Sie die Zwiebel und den Knoblauch. Schneiden Sie beides gemeinsam mit dem Fleisch in kleine Würfel und dünsten Sie alles nacheinander in Olivenöl an.

2. Geben Sie die abgetropften Kichererbsen mit dem gewaschenen und zerkleinerten Sellerie dazu und löschen Sie das Ganze mit etwas Wasser ab.

3. Anschließend fügen Sie die Gewürze hinzu und lassen dann das Gemisch für ca. 1,5 Stunden köcheln.

4. Nehmen Sie die Lorbeerblätter, Nelken, den Sternanis und die Chilischote heraus. Dafür geben Sie jetzt die Rosinen und die Maronen dazu und lassen es weiter köcheln.

5. Nach 20 Minuten ist das Gericht fertig. Schmecken Sie es mit etwas Zitronensaft, Salz und Pfeffer ab.

Tipp: Nudeln, Kartoffeln oder Brot dürfen hierzu serviert werden!

SAFRANREIS MIT HUHN UND PILZEN

Nährwerte: 333,4 kcal, 43,5 g Kohlenhydrate, 5,6 g Fett, 23,1 g Eiweiß

Zubereitungszeit: 20 Minuten
Schwierigkeitsgrad: mittel
4 Portionen

Zutaten:

500 g Reis
3 grüne Paprikaschoten
1 große Zwiebel
300 g Huhn
200 g Pilze
1 Handvoll Granatapfelkerne
1 Handvoll Mandelkerne
1 TL Kurkumapulver
½ TL Tabil
etwas Safran
etwas Olivenöl
Pfeffer
Salz

Zubereitung:

1. Geben Sie Salz, Kurkuma, Tabil und etwas Safran in einen Topf mit Wasser und kochen Sie darin den Reis. Schälen Sie die Zwiebel, waschen und putzen Sie die Paprikaschoten und schneiden Sie beides zusammen mit dem Fleisch in mundgerechte Stücke. Braten Sie das Ganze in etwas Olivenöl an.

2. Waschen und putzen Sie die Pilze und fügen Sie sie hinzu. Würzen Sie das Gemisch mit allen restlichen Gewürzen. Rösten Sie die Mandeln in einer Pfanne ohne Fett an. Mischen Sie die Granatapfelkerne darunter.

Tipp: Geben Sie den Reis in die Mitte des Tellers und verteilen Sie das Hühnchen-Gemüse-Gemisch drumherum. Bestreuen Sie das Gericht dann mit den gerösteten Mandeln!

THUNFISCH-TARTE

Nährwerte: 240,5 kcal, 10,3 g Kohlenhydrate, 18,0 g Fett, 9,0 g Eiweiß

Zubereitungszeit: 60 Minuten
Schwierigkeitsgrad: leicht
Portionen: 4

Zutaten:

1 Packung Tarte-Teig (aus dem Kühlregal)
2 Eier
2 Dosen Thunfisch (in Saft)
1 Zwiebel
2 EL Dijon Senf
4 Zweige Thymian
2 EL eingelegte gehackte Zitronen
12 schwarze entsteinte Oliven
1/3 Tasse Milch
1/3 Tasse Sahne
Pfeffer
Salz

Zubereitung:

1. Fetten Sie eine Tarteform mit etwas Öl ein und drücken Sie die Teigplatte hinein. Heizen Sie den Backofen auf 200 °C Ober-/Unterhitze vor.

2. Schälen Sie die Zwiebel, hacken Sie sie in kleine Würfel und dünsten Sie sie in etwas Öl glasig. Lassen Sie das Ganze abkühlen.

3. Waschen Sie den Thymian, tupfen Sie ihn trocken, zupfen Sie die Blättchen ab und hacken Sie sie klein.

4. Verquirlen Sie die Eier mit Milch, Sahne, Senf, gehackter Zitrone, Zwiebel, Pfeffer und etwas Salz.

5. Gießen Sie den Thunfischsaft ab. Mischen Sie den Thunfisch unter die Ei-Masse.

6. Füllen Sie das Gemisch in die Tarteform und verteilen Sie die Oliven und den Thymian darüber. Backen Sie die Tarte nun ca. 35 – 40 Minuten.

Tipp: Wenn Sie mögen, können Sie auch noch etwas Chilipulver hinzufügen!

SUPPE – CHORBA ALLUSCH

Nährwerte: 41,5 kcal, 7,5 g Kohlenhydrate, 0,1 g Fett, 2,2 g Eiweiß

Zubereitungszeit: 110 Minuten
Schwierigkeitsgrad: leicht
Portionen: 4

Zutaten:
500 g Lammfleisch
2 große Möhren
2 große Kartoffeln
1 Stange Staudensellerie
1 Zwiebel
100 g TK-Erbsen
1 Ei
etwas Olivenöl
etwas Zitronenabrieb
Pfeffer
Salz

Zubereitung:
1. Füllen Sie einen Topf mit 1,5 – 2 L Wasser, schneiden Sie das Fleisch in Würfel, fügen Sie es hinzu und köcheln Sie es ca. 75 Minuten.

2. Schälen Sie die Möhren, Kartoffeln und die Zwiebel, waschen Sie den Sellerie und schneiden Sie dann alles in mundgerechte Stücke. Geben Sie das geschnittene Gemüse und die Erbsen ebenfalls in den Topf und lassen Sie das Ganze noch 30 Minuten mitkochen.

3. Verquirlen Sie das Ei mit etwas Zitronenabrieb und würzen Sie es mit Salz und Pfeffer. Kurz vor dem Servieren rühren Sie das Gemisch in die Suppe.

Tipp: Würzen Sie die Suppe am Tisch nach Ihrem Geschmack!

TUNESISCHER KARTOFFELAUFLAUF

Nährwerte: 445,9 kcal, 25,8 g Kohlenhydrate, 22,9 g Fett, 33,1 g Eiweiß

Zubereitungszeit: 40 Minuten
Schwierigkeitsgrad: leicht
Portionen: 6

Zutaten:

8 große Kartoffeln
2 Stücke Putenbrust (in Streifen geschnitten)
1 Bund glatte Petersilie
8 Eier
½ Päckchen Backpulver
200 g geriebener Gouda
1 große Zwiebel
½ TL Paprikapulver
½ TL Kurkuma
Pfeffer
Salz
Olivenöl zum Braten

Zubereitung:

1. Schälen Sie die Kartoffeln und die Zwiebel. Schneiden Sie alles in kleine Würfel. Braten Sie in einer Pfanne die Kartoffeln und in einer zweiten Pfanne die Zwiebeln an. Die Kartoffelwürfel sollten dabei goldbraun werden. Geben Sie das Fleisch und die Gewürze zu den Zwiebeln. Waschen Sie zwischenzeitlich die Petersilie und hacken Sie sie sehr fein. Geben Sie sie zum Fleisch. Wenn das Ganze gar ist, füllen Sie es in eine Auflaufform. Geben Sie die Kartoffeln in ein Sieb und lassen Sie sie abtropfen. Fügen Sie sie hinzu und mischen Sie alles gründlich.

2. Verquirlen Sie die Eier mit dem Backpulver und dem geriebenen Käse. Gießen Sie das Gemisch über die anderen Zutaten. Backen Sie den Auflauf bei 175 °C Ober-/Unterhitze für ca. 30 Minuten.

Tipp: Hierzu passen sehr viele Salatvariationen!

CHORBA FRIK

Nährwerte: 24,9 kcal, 3,3 g Kohlenhydrate, 0,2 g Fett, 1,6 g Eiweiß

Zubereitungszeit: 150 Minuten
Schwierigkeitsgrad: leicht
Portionen: 4

Zutaten:
300 g mageres Rindfleisch
1 Zwiebel
3 Knoblauchzehen
1 Bund Koriander
1 Dose Kichererbsen
250 g passierte Tomaten
100 g Weizenschrot
1 Bio-Zitrone
Olivenöl
Harissapaste
Tabil
Safran
Zimtpulver
Paprikapulver
Pfeffer
Salz

Zubereitung:
1. Schälen Sie die Zwiebel und den Knoblauch und schneiden Sie das Ganze gemeinsam mit dem Fleisch in Würfel. Braten Sie alles in Öl an, benutzen Sie hierfür einen Topf.

2. Waschen Sie den Koriander und schneiden Sie ihn klein. Gießen Sie die Kichererbsen ab und geben Sie beides zusammen mit den Tomaten in den Topf. Fügen Sie von den Gewürzen jeweils ½ TL dazu. Gießen Sie so viel Wasser hinzu, bis das Gemisch gut 2 cm bedeckt ist und köcheln Sie es dann für ca. 30 Minuten.

3. Anschließend geben Sie noch den Weizenschrot hinzu und kochen die Suppe dann für 1 – 2 Stunden weiter. Gießen Sie ab und zu Wasser nach. Schmecken Sie sie danach erneut mit allen Gewürzen ab.

4. Schneiden Sie die Zitrone in Scheiben und garnieren Sie damit die Teller.

Tipp: Zu dieser cremigen Suppe gibt es heute Fladenbrot!

FLEISCH-GEMÜSE-RAGOUT

Nährwerte: 611,7 kcal, 30,7 g Kohlenhydrate, 24,0 g Fett, 61,2 g Eiweiß

Zubereitungszeit: 40 Minuten
Schwierigkeitsgrad: mittel
Portionen: 6

Zutaten:

500 g Hähnchenfleisch
250 g Lammfleisch
250 g Rindfleisch
2 Zwiebeln
3 Knoblauchzehen
1 Dose Kichererbsen
200 g Wirsingkohl
200 g grüne Bohnen
250 g Karotten
1 kleine Zucchini
1 Stange Lauch
5 Tomaten
5 grüne Paprikaschoten
1 TL Tabasco
4 EL Sonnenblumenöl
1 L Fleischbrühe
Pfeffer
Salz

Zubereitung:

1. Schälen Sie die Zwiebeln, den Knoblauch und die Karotten, waschen und putzen Sie das restliche Gemüse. Schneiden Sie das Fleisch in grobe Stücke und rösten Sie es gemeinsam mit den Zwiebeln nach und nach an.

2. Schneiden Sie das gesamte frische Gemüse in gleich große Würfel, pressen Sie den Knoblauch und geben Sie ihn gemeinsam mit dem Gemüse dazu. Löschen Sie das Gemisch mit der Fleischbrühe ab und lassen Sie es anschließend für 30 Minuten köcheln.

3. Gießen Sie die Kichererbsen ab und geben Sie sie zusammen mit dem Tabasco dazu. Lassen Sie das Ragout noch für weitere 10 Minuten kochen. Schmecken Sie das Gericht nach Bedarf mit Pfeffer und Salz ab.

Tipp: Das Ganze können Sie mit verschiedenen Brotsorten oder Reis ergänzen!

CAMOUNIA

Nährwerte: 323,8 kcal, 20,0 g Kohlenhydrate, 12,5 g Fett, 30,7 g Eiweiß

Zubereitungszeit: 190 Minuten
Schwierigkeitsgrad: leicht
Portionen: 4

Zutaten:
150 g weiße Bohnen (getrocknet)
500 g Rindfleisch
2 Zwiebeln
2 Knoblauchzehen
2 Tomaten
2 EL Tomatenmark
Olivenöl
1 TL Harissapaste
Ingwerpulver
Kreuzkümmelpulver
Paprikapulver
Pfeffer
Salz

Zubereitung:
1. Weichen Sie die Bohnen bereits am Vortag in Wasser ein. Gießen Sie am nächsten Tag das Wasser ab. Schälen Sie die Zwiebeln und den Knoblauch, hacken Sie beides klein. Schneiden Sie das Fleisch in grobe Stücke und braten Sie es von allen Seiten in Öl an. Anschließend geben Sie Knoblauch sowie Zwiebeln dazu und rösten das Ganze mit.

2. Waschen und zerkleinern Sie die Tomaten und fügen Sie sie gemeinsam mit dem Tomatenmark, den Bohnen und allen Gewürzen hinzu. Schmecken Sie die Sauce dabei ab. Lassen Sie das Gemisch 2 – 3 Stunden köcheln. Nach der Garzeit geben Sie noch einmal ordentlich Kreuzkümmelpulver hinzu.

Tipp: Als Beilage eignen sich Kartoffeln oder Nudeln!

MAKLUBE

Nährwerte: 438,7 kcal, 9,5 g Kohlenhydrate, 41,7 g Fett, 7,6 g Eiweiß

Zubereitungszeit: 70 Minuten
Schwierigkeitsgrad: leicht
Portionen: 4

Zutaten:

1200 g Suppenhuhn
1 kleiner Blumenkohl
1 Bund Suppengrün
400 g Rundkornreis
500 g Joghurt
3 Knoblauchzehen
etwas Zitronensaft
1 TL Kurkuma
¼ TL Kreuzkümmelpulver
¼ TL Muskatnuss
¼ TL frischer Koriander
1 Msp. Cayennepfeffer
1 Msp. Kardamompulver
Pfeffer
Salz
Fett zum Frittieren

Zubereitung:

1. Waschen Sie das Suppengrün und schneiden Sie es in grobe Stücke. Geben Sie es zusammen mit dem Hähnchen und ausreichend Wasser in einen großen Topf, würzen Sie alles mit Pfeffer und Salz. Kochen Sie das Ganze für ca. 40 Minuten.

2. Schneiden Sie den Blumenkohl in kleine Röschen und waschen Sie sie gründlich ab. Tupfen Sie die Stücke trocken und frittieren Sie das Gemüse in heißem Fett. Lassen Sie es hinterher auf einem Küchenkrepp abtropfen.

3. Trennen Sie das Hähnchenfleisch vom Knochen und schneiden Sie es in kleine Stücke. Schöpfen Sie das Fett aus der Brühe heraus. Geben Sie danach das Hähnchenfleisch, den Blumenkohl, Reis und alle restlichen Gewürze dazu. Lassen Sie das Gericht noch 20 Minuten köcheln.

4. Damit die Flüssigkeit entweichen kann, nehmen Sie nun den Deckel herunter und lassen das Ganze weiter kochen. Nach 10 Minuten können Sie alles anrichten.

5. Schälen Sie in der Zwischenzeit den Knoblauch, pressen Sie ihn und vermengen Sie ihn mit etwas Zitronensaft und Joghurt.

Tipp: Maklube auf dem Teller anrichten und mit der Joghurtsauce garnieren!

TUNESISCHER GRIEẞAUFLAUF

Nährwerte: 472,4 kcal, 46,8 g Kohlenhydrate, 15,0 g Fett, 34,7 g Eiweiß

Zubereitungszeit: 50 Minuten
Schwierigkeitsgrad: leicht
Portionen: 2

Zutaten:
100 g Couscous
375 ml Tomatensaft
1 kleine Zwiebel
2 TL Öl
240 g Hackfleisch vom Lamm
2 Knoblauchzehen
½ TL Kreuzkümmelpulver
¼ TL Korianderpulver
30 g Pinienkerne
1 TL gemahlener Pfeffer
Salz

Zubereitung:
1. Fetten Sie eine Auflaufform und heizen Sie den Backofen auf 200 °C vor. Geben Sie den Couscous in eine Schüssel und übergießen Sie ihn mit dem Tomatensaft.

2. Schälen Sie die Zwiebel und den Knoblauch, schneiden Sie das Ganze in kleine Würfel und rösten Sie es gemeinsam mit dem Hackfleisch an. Fügen Sie die Gewürze sowie den Grieß hinzu, füllen Sie das Gemisch in die Auflaufform und backen Sie den Auflauf für ca. 40 Minuten.

Tipp: Vor dem Servieren verteilen Sie die Pinienkerne darüber!

TUNESISCHES REISGERICHT

Nährwerte: 362,6 kcal, 28,3 g Kohlenhydrate, 16,4 g Fett, 24,6 g Eiweiß

Zubereitungszeit: 25 Minuten
Schwierigkeitsgrad: leicht
Portionen: 5

Zutaten:
500 g Hähnchenfilet
400 g Reis
1 große Zwiebel
3 Knoblauchzehen
3 Lorbeerblätter
½ EL Tomatenmark
5 EL Harissapaste
400 ml Wasser
5 EL Olivenöl
Pfeffer
Salz

Zubereitung:
1. Schälen Sie die Zwiebel und den Knoblauch. Schneiden Sie das Ganze getrennt voneinander in kleine Würfel, schneiden Sie dann das Hähnchenfilet in mundgerechte Stücke. Braten Sie zunächst die Zwiebel in Olivenöl scharf an, geben Sie dann das Fleisch und zum Schluss den Knoblauch hinzu. Geben Sie dann die Gewürze und das Tomatenmark dazu, rösten Sie alles einige Minuten mit an und löschen Sie das Gemisch dann mit Wasser ab.

2. Fügen Sie anschließend noch den Reis hinzu und lassen Sie das Gericht zugedeckt bei geringer Hitzezufuhr köcheln, bis der Reis gar ist. Kontrollieren Sie ab und zu, ob noch genug Flüssigkeit vorhanden ist, und gießen Sie diese bei Bedarf nach. Einige Minuten bevor der Reis die richtige Konsistenz erreicht, lassen Sie die Flüssigkeit einkochen.

Tipp: Salat passt hier immer dazu!

FISCH-CHORBA

Nährwerte: 334,8 kcal, 52,0 g Kohlenhydrate, 12,6 g Fett, 2,8 g Eiweiß

Zubereitungszeit: 35 Minuten
Schwierigkeitsgrad: leicht
Portionen: 4

Zutaten:
500 g Seezunge
250 g Reisnudeln
1 Zwiebel
100 g Tomatenmark
1 Stange Sellerie
½ Bund Petersilie
50 ml Olivenöl
2 Zitronen
etwas Petersilie zum Garnieren
Pfeffer
Salz

Zubereitung:
1. Schälen Sie die Zwiebel, hacken Sie sie klein und dünsten Sie sie in Öl glasig.

2. Waschen Sie die Selleriestange und die Petersilie und schneiden Sie alles klein. Geben Sie die Hälfte von allem gemeinsam mit dem Tomatenmark zu den Zwiebeln und löschen sie das Ganze mit Wasser ab.

3. Waschen, säubern und zerkleinern Sie den Fisch und fügen Sie die Stücke hinzu. Lassen Sie die Suppe für ca. 15 Minuten köcheln.

4. Nehmen Sie den Fisch heraus und würzen Sie die Suppe ordentlich. Gießen Sie wieder etwas Wasser hinzu und geben Sie die Reisnudeln hinein.

5. Kochen Sie das Gemisch noch weitere 15 Minuten und geben Sie danach die restlichen Sellerie- und Petersilienstücke dazu.

6. Nach 2 – 3 Minuten können Sie die Fischstücke wieder hineingeben und das Gericht dann servieren.

Tipp: Statt der Seezunge können Sie auch eine Goldbrasse oder Meerbarbe nehmen!

PUTE Á LA HAMMI

Nährwerte: 362,0 kcal, 29,0 g Kohlenhydrate, 7,9 g Fett, 40,2 g Eiweiß

Zubereitungszeit: 70 Minuten
Schwierigkeitsgrad: leicht
Portionen: 4

Zutaten:

1 Putenoberkeule
4 große Kartoffeln
3 Möhren
2 Zwiebeln
2 Knoblauchzehen
1 Paprikaschote
2 Fleischtomaten
2 EL Tomatenmark
Olivenöl
etwas Wasser
etwas Kerbel
Pfeffer
Salz

Zubereitung:

1. Schälen Sie die Möhren, Kartoffeln, Zwiebeln und den Knoblauch. Waschen Sie die Paprikaschote, halbieren Sie sie und entfernen Sie die Kerne.

2. Ziehen Sie die Haut von der Putenkeule ab und entfernen Sie das Fett. Hacken Sie die Zwiebel und den Knoblauch ganz fein und braten Sie sie gemeinsam mit der Keule in viel Olivenöl goldbraun.

3. Würzen Sie das Fleisch ordentlich mit Pfeffer und fügen Sie das Tomatenmark hinzu. Gießen Sie etwas Wasser dazu und lassen Sie das Fleisch für 1 Stunde köcheln. Wenn nötig, füllen Sie ab und zu etwas Wasser nach.

4. Waschen Sie die Tomaten, entfernen Sie den Stielansatz und schneiden Sie sie mit dem restlichen Gemüse und den Kartoffeln in grobe Stücke. Geben Sie das Ganze zum Putenfleisch und würzen Sie mit Salz, Pfeffer und Kerbel.

5. Jetzt lassen Sie das Gemisch zugedeckt für 40 – 60 Minuten schmoren. Es ist fertig, wenn sich das Putenfleisch vom Knochen löst und die Kartoffeln weich genug sind.

Tipp: Fladenbrot reicht hierzu vollkommen!

TUNESISCHE PASTA MIT HÜHNCHEN

Nährwerte: 553,5 kcal, 73,4 g Kohlenhydrate, 10,6 g Fett, 36,2 g Eiweiß

Zubereitungszeit: 30 Minuten
Schwierigkeitsgrad: leicht
Portionen: 4

Zutaten:
500 g Nudeln
4 Hähnchenfilets
3 EL Tomatenmark
1 TL Kurkumapulver
1 TL Tabel-Karouia-Rase
8 Knoblauchzehen
4 grüne Paprikaschoten
Pfeffer
Salz
Öl zum Anbraten

Zum Garnieren:
Korianderblätter
Zitronenscheiben

Zubereitung:
1. Schneiden Sie das Hühnerfleisch in mundgerechte Stücke und braten Sie es in Öl an. Geben Sie zugleich das Kurkumapulver, Pfeffer und Salz dazu. Löschen Sie das Ganze mit 1 Tasse Wasser ab und lassen Sie das Fleisch köcheln.

2. Schälen Sie den Knoblauch, waschen und putzen Sie die Paprikaschoten und schneiden Sie alles in grobe Würfel. Geben Sie diese Zutaten zum Fleisch und fügen Sie noch das Tomatenmark und Tabel-Karouia-Rase hinzu. Die Mischung lassen Sie so lange köcheln, bis das Wasser gut reduziert ist. Gießen Sie es danach wieder auf (1 Tasse Wasser) und lassen Sie die Sauce wieder reduzieren.

3. Kochen Sie die Nudeln in ausreichend Salzwasser al dente, gießen Sie das Wasser ab und mischen Sie sie kurz vor dem Servieren unter die Sauce.

Tipp: Garnieren können Sie dieses Gericht mit frischer Petersilie, Korianderblättern und eingelegten Zitronenscheiben!

LAMMPASTA – MAKROUNA BEL SALSA

Nährwerte: 661,9 kcal, 95,3 g Kohlenhydrate, 10,5 g Fett, 41,8 g Eiweiß

Zubereitungszeit: 45 Minuten
Schwierigkeitsgrad: leicht
Portionen: 4

Zutaten:
500 g Lammfleisch
500 g Spaghetti
250 g Tomatenwürfel
2 Lorbeerblätter
2 TL Harissapaste
1 rote Paprikaschote
1 grüne Paprikaschote
1 Zwiebel
Tabel
Knoblauchpulver
Pfeffer
Salz

Zubereitung:
1. Geben Sie etwas Öl in einen großen Topf und rösten Sie alle Gewürze an. Geben Sie danach die Tomatenwürfel dazu und lassen Sie das Ganze für einige Minuten köcheln. Schälen Sie die Zwiebel und schneiden Sie sie zusammen mit dem Fleisch in Würfel. Fügen Sie beides hinzu und lassen Sie das Gemisch weiter köcheln. Wenn die Sauce zu dick wird, gießen Sie etwas Wasser hinzu.

2. Waschen, halbieren und putzen Sie die Paprikaschoten und schneiden Sie sie in mundgerechte Stücke. Geben Sie sie zum Fleisch und lassen Sie alles für 10 Minuten garen.

3. Kochen Sie die Spaghetti in dieser Zeit al dente und servieren Sie sie danach mit der Sauce.

TINTENFISCH - KAMOUNIA

Nährwerte: 649,2 kcal, 11,7 g Kohlenhydrate, 65,3 g Fett, 6,1 g Eiweiß

Zubereitungszeit: 90 Minuten
Schwierigkeitsgrad: leicht
Portionen: 4

Zutaten:

500 g Tintenfisch
1 Tomate
5 Knoblauchzehen
1 Zwiebel
2 EL Kümmelpulver
1 EL Ras el Hanout (siehe Rezept auf S. 100)
1 TL scharfes Paprikapulver
3 TL Tomatenmark
1 TL Harissapaste
4 EL Olivenöl
1 Prise Pfeffer
1 Prise Salz

Zubereitung:

1. Waschen und schneiden Sie den Tintenfisch und die Tomate in kleine Stücke. Schälen Sie die Zwiebel und den Knoblauch. Schneiden Sie die Zwiebel in feine Ringe und pressen Sie den Knoblauch mit der Knoblauchpresse.

2. Rösten Sie zunächst die Zwiebel, dann den Fisch in Öl goldbraun. Fügen Sie die Tomaten und die Harissapaste hinzu, dünsten Sie alles mit und löschen Sie das Ganze mit 300 ml Wasser ab.

3. Köcheln Sie den Fisch erst 1 Stunde im Sud, geben Sie dann die restlichen Gewürze hinzu und lassen Sie alles für weitere 30 Minuten köcheln.

Tipp: Servieren Sie dazu ein frisches Fladenbrot!

RINDERTAJINE MIT APRIKOSEN UND DATTELN

Nährwerte: 562,6 kcal, 35,4 g Kohlenhydrate, 30,6 g Fett, 32,5 g Eiweiß

Zubereitungszeit: 60 Minuten
Schwierigkeitsgrad: leicht
Portionen: 4

Zutaten:
600 g Rindergulasch
2 Zwiebeln
2 Knoblauchzehen
3 EL Pinienkerne
1 Prise Safranfäden
3 Zimtstangen
2 TL Koriandersaat
300 ml Rinderfond
10 getrocknete Datteln
10 getrocknete Aprikosen
2 EL Honig
1 Handvoll frischer Koriander
2 EL Olivenöl
Pfeffer
Salz

Zubereitung:
1. Weichen Sie die Aprikosen schon einige Zeit vorher in Wasser ein. Schälen Sie die Zwiebel und den Knoblauch. Waschen Sie den frischen Koriander und tupfen Sie ihn trocken. Hacken Sie alles klein.

2. Erhitzen Sie das Öl und rösten Sie die Pinienkerne darin an. Fügen Sie die Zwiebeln, den Knoblauch, die Zimtstangen, Safran, das Fleisch und die Hälfte des Korianders hinzu. Lassen Sie das Gemisch noch einige Zeit braten und löschen Sie es dann mit dem Rinderfond ab.

3. Decken Sie den Topf zu und schmoren Sie das Gericht für ca. 1 Stunde bei geringer Hitzezufuhr.

4. Lassen Sie die Aprikosen abtropfen und halbieren Sie sie gemeinsam mit den Datteln. Geben Sie beides mit in den Topf und köcheln Sie das Ganze für weitere 20 Minuten. Würzen Sie alles mit Pfeffer, Honig und Salz und geben Sie kurz vor dem Servieren den restlichen Koriander hinein. Holen Sie die Zimtstangen vorher heraus.

Tipp: Hierzu passen sehr viele Beilagen, wie Nudeln, Reis, Brot oder Couscous!

KEFTA

Nährwerte: 519,2 kcal, 15,6 g Kohlenhydrate, 35,1 g Fett, 34,3 g Eiweiß

Zubereitungszeit: 25 Minuten
Schwierigkeitsgrad: leicht
Portionen: 6

Zutaten:
1000 g Rinderhackfleisch
4 große Kartoffeln
1 Ei
1 EL Tomatenmark
1 TL Tabel
½ TL Harissapaste
80 g geriebener Käse
1 EL gehackte Petersilie
Paniermehl
Mehl
Pfeffer
Salz
Öl zum Braten

Zubereitung:
1. Kochen Sie die ungeschälten Kartoffeln in Salzwasser und pellen Sie sie noch heiß. Pressen Sie sie mit einer Kartoffelpresse in eine Schüssel. Waschen und hacken Sie die Petersilie und geben Sie sie gemeinsam mit den Gewürzen, dem Tomatenmark, dem Hackfleisch, Käse und Ei dazu. Kneten Sie den Teig und geben Sie so viel Paniermehl hinzu, dass eine homogene Masse entsteht.

2. Formen Sie kleine Fladen aus dem Teig und wenden Sie diese in Mehl. Backen Sie die Kefta in heißem Öl beidseitig knusprig.

Tipp: Mit leckeren Salaten und einem würzigen Couscous ist das ein ideales Essen!

MLOUCHIA

Nährwerte: 564,1 kcal, 26,1 g Kohlenhydrate, 23,1 g Fett, 11,2 g Eiweiß

Zubereitungszeit: 6 Stunden
Schwierigkeitsgrad: leicht
Portionen: 4

Zutaten:
300 g Rind- oder Lammfleisch
2 EL Tomatenmark
3 Knoblauchzehen
1 Zwiebel
1 Chilischote
1 Tasse Olivenöl
1 Würfel Rinderbrühe
3 EL Kreuzkümmelpulver
3 Lorbeerblätter
10 EL Gewürzmischung (Mlouchia)
3 L heißes Wasser
Pfeffer
Salz

Zubereitung:
1. Schälen Sie die Zwiebel und die Knoblauchzehen, putzen und halbieren Sie die Chilischote. Schneiden Sie die Zwiebel in kleine Würfel und geben Sie das Öl in einen hohen Topf. Dünsten Sie die Zwiebelstücke darin an und fügen Sie die Gewürzmischung hinzu. Rösten Sie das Ganze ordentlich an und löschen Sie es dann mit den 3 L Wasser ab. Lassen Sie das Gemisch aufkochen.

2. Halbieren Sie die Chilischote, entfernen Sie die Kerne und hacken Sie sie gemeinsam mit dem Knoblauch klein. Geben Sie beides zusammen mit dem Brühwürfel, Kreuzkümmelpulver, Lorbeerblättern, Pfeffer und Salz in den Topf. Lassen Sie die Mischung für ca. 3 Stunden köcheln.

3. Nun schneiden Sie das Fleisch in mittelgroße Stücke und geben es dazu. Lassen Sie es für 30 Minuten mitkochen bevor Sie das Tomatenmark dazugeben.

4. Jetzt heißt es noch einmal Geduld haben, denn das Gericht muss für 2 – 3 Stunden köcheln. Wenn zu viel Wasser fehlt, gießen sie es ab und zu nach.

Tipp: Serviert wird diese Speise mit frischem Baguette oder Fladenbrot!

Vegetarische Rezepte

SCHASCHUKA

Nährwerte: 254,1 kcal, 5,3 g Kohlenhydrate, 22,9 g Fett, 3,5 g Eiweiß

Zubereitungszeit: 20 Minuten
Schwierigkeitsgrad: leicht
Portionen: 4

Zutaten:

4 Zwiebeln
1 Knoblauchzehe
8 EL Olivenöl
1 Chili
1 rote Paprikaschote
2 Tomaten
1 EL Tomatenmark
1 Prise Paprikapulver
1 Prise Salz
1 Prise Koriander
2 Eier

Zubereitung:

1. Schälen Sie die Zwiebeln und den Knoblauch. Putzen Sie die Chilischote und halbieren Sie sie. Waschen, putzen und halbieren Sie ebenso die Paprikaschote. Schneiden Sie alle Zutaten in kleine Würfel und braten Sie das Ganze nach und nach im Olivenöl scharf an. Geben Sie das Tomatenmark und die Gewürze hinzu.

2. Waschen Sie anschließend die Tomaten, entfernen Sie den Stielansatz und schneiden Sie sie in grobe Stücke. Fügen Sie sie nun ebenfalls hinzu und lassen Sie das Gemisch einige Zeit leicht köcheln. Zum Schluss schlagen Sie die zwei Eier auf und geben sie als Spiegeleier auf das Gemisch. Würzen Sie noch einmal mit Salz und lassen Sie die Eier stocken.

Tipp: Gemeinsam mit leckerem Reis ist dieses Gericht einfach wundervoll!

FRITTIERTES GEMÜSE

Nährwerte: 309,5 kcal, 37,7 g Kohlenhydrate, 11,5 g Fett, 11,4 g Eiweiß

Zubereitungszeit: 25 Minuten
Schwierigkeitsgrad: mittel
Portionen: 4

Zutaten:
frisches Gemüse (z. B. Möhren, Zucchini, Blumenkohl, Auberginen)
200 g Mehl
1 kleine Tasse lauwarme Milch
3 Eier
1 Packung Trockenhefe
Olivenöl
Pfeffer
Salz

Zubereitung:
1. Verrühren Sie zunächst die Hefe mit etwas lauwarmem Wasser und lassen Sie sie ein paar Minuten stehen. Geben Sie danach das Mehl, die Eier, die Hefeflüssigkeit, einen Schuss Öl und etwas Salz in eine Schüssel und vermengen Sie das Ganze mit ein wenig von der lauwarmen Milch. Geben Sie die restliche Milch nach und nach dazu. Der Teig sollte dabei zähflüssig werden.

2. Waschen und putzen Sie das Gemüse, tupfen Sie es trocken und schneiden Sie es in grobe Stücke. Geben Sie etwas Mehl in eine Schüssel und würzen Sie es mit Salz und Pfeffer. Wenden Sie die Gemüsestücke darin.

3. Erhitzen Sie in einem Topf ausreichend Öl. Tauchen Sie die Gemüsestücke in den Teig und frittieren Sie sie anschließend, bis sie goldbraun sind. Lassen Sie alles hinterher auf Küchenpapier abtropfen.

Tipp: Dazu gibt es einen Kräuterquark!

KARTOFFELOMELETT – MAAQUOUDA BI´L-BATATA

Nährwerte: 343,3 kcal, 32,3 g Kohlenhydrate, 17,3 g Fett, 11,5 g Eiweiß

Zubereitungszeit: 60 Minuten
Schwierigkeitsgrad: leicht
Portionen: 4

Zutaten:
600 g Kartoffeln
200 g Zwiebeln
200 g glatte Petersilie
3 EL Olivenöl
5 Eier
½ TL Piment
Pfeffer
Salz
1 EL Butterschmalz

Zubereitung:
1. Kochen Sie die ungeschälten Kartoffeln. Pellen Sie die noch heißen Kartoffeln und pressen Sie sie durch eine Kartoffelpresse. Schälen und schneiden Sie die Zwiebeln in kleine Würfel, waschen und hacken Sie die Petersilie. Dünsten Sie sie gemeinsam mit den Zwiebelstücken in etwas Öl an. Wenn das Gemisch abgekühlt ist, geben Sie es zu den gepressten Kartoffeln. Trennen Sie die Eier und fügen Sie das Eigelb hinzu, schmecken Sie dann das Ganze mit Piment, Pfeffer und Salz ab.

2. Schlagen Sie das Eiweiß steif und heben Sie es unter den Teig. Fetten Sie eine Auflaufform mit Butterschmalz und verteilen Sie die Kartoffelmasse darin. Streichen Sie die Oberfläche glatt und backen Sie das Gericht bei 180 °C für 45 Minuten im vorgeheizten Backofen.

Tipp: Stürzen Sie das Kartoffelomelett zum Schluss auf eine Platte und garnieren Sie es mit Gemüse oder Kräutern!

TUNESISCHE QUICHE

Nährwerte: 352,7 kcal, 28,4 g Kohlenhydrate, 19,4 g Fett, 13,0 g Eiweiß

Zubereitungszeit: 50 Minuten
Schwierigkeitsgrad: leicht
Portionen: 4

Zutaten:

6 mittelgroße Kartoffeln
1 große Zwiebel
2 Karotten
1 Tasse TK-Erbsen
1,5 Tassen gehackte Petersilie
7 Eier
2 EL Öl
1,5 TL Kurkumapulver
1 TL schwarzer Pfeffer
2 TL Salz

Zubereitung:

1. Lassen Sie die Erbsen auftauen. Schälen Sie die Kartoffeln, die Zwiebel und die Karotten. Kochen Sie die Kartoffeln und die Karotten in Salzwasser gar. Pressen Sie die Kartoffeln dann durch eine Kartoffelpresse in eine große Schüssel und schneiden Sie die gekochten Karotten sowie die Zwiebel in kleine Würfel. Geben Sie alles zusammen mit den Erbsen, der Petersilie, den Eiern und den Gewürzen dazu und vermengen Sie die Zutaten gründlich.

2. Fetten Sie eine Springform und geben Sie das Gemisch hinein. Heizen Sie den Backofen auf 200 °C Ober-/Unterhitze vor und backen Sie die Quiche für ca. 25 Minuten. Wenn Sie goldbraun ist, nehmen Sie sie aus dem Ofen, entfernen den Ring der Form und stürzen sie auf eine große Platte.

Tipp: Lassen Sie die Quiche etwas abkühlen, bevor Sie sie aus der Form nehmen!

RATATOUILLE MIT EI

Nährwerte: 333,7 kcal, 30,8 g Kohlenhydrate, 14,4 g Fett, 17,0 g Eiweiß

Zubereitungszeit: 25 Minuten
Schwierigkeitsgrad: leicht
Portionen: 4

Zutaten:

8 Eier
2 Zwiebeln
2 rote Paprikaschoten
2 Zucchini
300 g Blattspinat
2 Stangen Lauch
1 kleine Dose weiße Bohnen
1 Dose gehackte Tomaten
3 Knoblauchzehen
1 TL Paprikapulver (edelsüß)
1 TL Ras el Hanout
1 TL Kreuzkümmel
½ TL Cayennepfeffer
1 Handvoll Korianderblätter
Olivenöl
Pfeffer
Salz

Zubereitung:

1. Schälen Sie die Zwiebeln und den Knoblauch. Waschen und putzen Sie die Paprikaschoten, Zucchini und den Blattspinat. Lassen Sie alles gut trocknen.

2. Schneiden Sie die Zwiebeln in kleine Würfel und dünsten Sie sie in Öl glasig. Pressen Sie den Knoblauch mit der Knoblauchpresse dazu.

3. Schneiden Sie die Paprikaschoten und die Zucchini in mundgerechte Stücke, den gewaschenen Lauch in Ringe und fügen Sie alles hinzu.

4. Gießen Sie die Bohnen ab und geben Sie sie nach ca. 5 Minuten gemeinsam mit dem Spinat und allen Gewürzen dazu. Löschen Sie das Ganze mit den Tomaten ab.

5. Heizen Sie den Backofen auf 180 °C vor und setzen Sie 8 kleine Ringe auf ein gefettetes Backblech. Schlagen Sie in jeden Ring ein Ei auf und backen Sie die Eier im Backofen für ca. 10 Minuten. Waschen Sie den Koriander und tupfen Sie ihn trocken.

6. Verteilen Sie das Gericht auf tiefe Teller und platzieren Sie jeweils zwei gebackene Eier darauf. Würzen Sie das Ei mit Pfeffer und Salz und garnieren Sie es mit Koriander.

Tipp: Bereiten Sie dazu ein paar Kartoffeln vor!

FENCHELGRATIN

Nährwerte: 469,6 kcal, 28,7 g Kohlenhydrate, 23,3 g Fett, 26,5 g Eiweiß

Zubereitungszeit: 10 Minuten
Schwierigkeitsgrad: leicht
Portionen: 2

Zutaten:
4 Fenchelknollen
1 Dose Tomatenstücke
1 Zwiebel
3 Knoblauchzehen
Harissapaste
1 Becher Sahne
100 g geriebener Käse
Oregano
Olivenöl
Pfeffer
Salz

Zubereitung:
1. Waschen und putzen Sie den Fenchel und entfernen Sie das feine Grün. Teilen Sie die Knollen nun in Viertel. Kochen Sie die Stücke für ca. 10 – 15 Minuten in Salzwasser.

2. Schälen Sie die Zwiebel und den Knoblauch und hacken Sie beides fein. Rösten Sie Zwiebel und Knoblauch in Öl mit 1 TL Harissa an und löschen Sie das Ganze mit den Tomaten ab. Fügen Sie noch die Sahne mit etwas Oregano hinzu und schmecken Sie die Sauce mit Salz und Pfeffer ab.

3. Fetten Sie jetzt eine Auflaufform, geben Sie den abgetropften Fenchel hinein und gießen Sie die Sauce darüber. Streuen Sie zum Schluss den Käse darauf und überbacken Sie das Gericht für ca. 15 Minuten bei 220 °C im vorgeheizten Backofen.

Tipp: Ein leckeres Fladenbrot eignet sich besonders gut dazu!

Vegane Rezepte

TUNESISCHE ERBSENSUPPE – HLALEM

Nährwerte: 284,5 kcal, 27,6 g Kohlenhydrate, 12,8 g Fett, 9,4 g Eiweiß

Zubereitungszeit: 25 Minuten
Schwierigkeitsgrad: leicht
Portionen: 4

Zutaten:

1 Zwiebel
1 Staude Stangensellerie
1 gelbe Paprikaschote
1 kleine Dose Kichererbsen
1 Glas große, grüne Bohnenkerne
150 g TK-Erbsen
150 g Hartweizengrieß-Spätzle
2 EL Tomatenmark
½ TL Paprikapulver
Pfeffer
Salz

Zubereitung:

1. Waschen und putzen Sie das Gemüse, schälen Sie die Zwiebel und schneiden Sie das Ganze in kleine Stücke. Rösten Sie die Zwiebel in Öl an und fügen Sie die Gewürze hinzu. Geben Sie das Gemüse, Erbsen und die Bohnen hinzu und löschen Sie alles mit 1 L Wasser ab. Köcheln Sie die Suppe ca. 15 Minuten.

2. Kochen Sie in der Zwischenzeit die Spätzle nach Packungsanweisung in Salzwasser und gießen Sie hinterher das Wasser ab.

Tipp: Geben Sie je eine Portion Suppe in einen Teller und platzieren Sie die Spätzle in der Mitte!

LINSENGERICHT – THBIKA KHODRA

Nährwerte: 299,4 kcal, 37,5 g Kohlenhydrate, 5,5 g Fett, 15,9 g Eiweiß

Zubereitungszeit: 30 Minuten
Schwierigkeitsgrad: leicht
Portionen: 2

Zutaten:

5 kleine Kohlrabi
5 kleine Möhren
2 Zwiebeln
2 Handvoll Mangold
2 Handvoll Spinat
3 EL Petersilie
1 kleine Dose Kichererbsen
50 g Linsen
2 EL Tomatenmark
1 TL Harissapaste
Olivenöl
Pfeffer
Salz

Zubereitung:

1. Weichen Sie die Linsen am Vortag in Wasser ein. Gießen Sie am nächsten Tag das Wasser ab.

2. Waschen Sie den Mangold, Spinat und schneiden Sie beides in Streifen. Schälen Sie das Gemüse und schneiden Sie es in kleine Würfel. Säubern Sie auch die Petersilie und hacken Sie sie klein.

3. Rösten Sie die Zwiebeln mit Harissa und Tomatenmark an und würzen Sie das Gemisch mit Salz und Pfeffer. Gießen Sie 500 ml Wasser dazu und fügen Sie alle anderen Zutaten hinzu. Kochen Sie das Ganze weich, geben Sie dabei nach Bedarf ab und zu etwas Wasser dazu.

Tipp: Vergessen Sie nicht das Brot zum Tunken!

KICHERERBSEN-SUPPE

Nährwerte: 327,6 kcal, 22,0 g Kohlenhydrate, 21,8 g Fett, 6,7 g Eiweiß

Zubereitungszeit: 50 Minuten
Schwierigkeitsgrad: leicht
Portionen: 4

Zutaten:
12 Knoblauchzehen
8 EL Olivenöl
350 g Kichererbsen (aus der Dose)
1 TL Kreuzkümmelpulver
1 TL Koriandersamen
2 Möhren
2 Zwiebeln
6 Stangen Sellerie
1 Bio-Zitrone
4 EL frischer Koriander
Pfeffer
Salz

Zubereitung:
1. Schälen Sie den Knoblauch, die Möhren und Zwiebeln. Waschen und putzen Sie die Selleriestangen, Zitrone sowie den Koriander. Schneiden Sie alle Zutaten in Würfel, Scheiben oder Stifte. Dünsten Sie das Ganze nacheinander in Olivenöl an, zunächst ohne Koriander. Löschen Sie das Gemisch mit 2,5 L Wasser ab und fügen Sie die abgetropften Kichererbsen hinzu. Geben Sie die Gewürze dazu und lassen Sie die Suppe 30 Minuten köcheln.

2. Reiben Sie die Schale der Zitrone mit einer feinen Reibe ab und geben Sie den Abrieb zur Suppe. Schmecken Sie sie danach noch einmal mit Salz und Pfeffer ab.

Tipp: Den Koriander verteilen Sie im Suppenteller und gießen ihn dann mit der Suppe auf!

GEFÜLLTES PFANNENBROT – MTABGA

Nährwerte: 494,1 kcal, 92,7 g Kohlenhydrate, 6,0 g Fett, 15,5 g Eiweiß

Zubereitungszeit: 60 Minuten
Schwierigkeitsgrad: leicht
Portionen: 4

Zutaten:

Für den Teig:
300 g Weichweizengrieß
200 g Mehl
½ Würfel frische Hefe
2 EL Olivenöl
½ EL Salz
300 ml lauwarmes Wasser

Für die Füllung:
1 Zwiebel
1 grüne Paprikaschote
2 Knoblauchzehen
50 g gehackte Petersilie
150 g Seitan
3 EL Tomatenmark
2 getrocknete Chilischoten
½ TL Kurkumapulver
1 TL Korianderpulver
½ TL Kümmelpulver
etwas Grillgewürz
Pfeffer
Salz

Zubereitung:

1. Geben Sie für den Teig alle Zutaten in eine große Schüssel, vermengen Sie alles und kneten Sie den Teig ordentlich durch. Decken Sie die Schüssel mit einem Tuch ab und lassen Sie das Ganze 30 – 45 Minuten gehen.

2. Schälen Sie den Knoblauch und die Zwiebel und schneiden Sie beides gemeinsam mit den Chilischoten in winzige Würfelchen. Waschen und putzen Sie die Paprikaschote und schneiden Sie sie gemeinsam mit dem Seitan in kleine Stückchen.

3. Braten Sie nun alles nach und nach in Öl an. Fügen Sie danach das Tomatenmark und alle Gewürze hinzu. Gießen Sie etwas Wasser dazu und lassen Sie das Gemisch köcheln, bis es eindickt.

4. Formen Sie anschließend 8 Teigkugeln und rollen sie tellergroße Teigplatten daraus. Verteilen Sie jeweils auf vier von ihnen gleichmäßig die Sauce und legen Sie eine zweite Platte darauf. Drücken Sie beide Platten mit den Fingern rundherum fest. Backen Sie die Pfannenbrote danach in heißem Öl beidseitig goldbraun.

Tipp: Besonders gut schmecken die Brote mit einem Salat!

TUNESISCHE PASTA – MAKROUNA TUNSIA

Nährwerte: 503,0 kcal, 86,2 g Kohlenhydrate, 7,3 g Fett, 17,1 g Eiweiß

Zubereitungszeit: 30 Minuten
Schwierigkeitsgrad: leicht
Portionen: 4

Zutaten:
500 g Hartweizen-Nudeln
3 – 4 Kartoffeln
1 rote Paprikaschote
2 grüne Peperoni
1 Zwiebel
3 Knoblauchzehen
1 Dose Tomatenstücke
1 Dose Kichererbsen
3 Lorbeerblätter
5 EL Tomatenmark
Harissapaste
1 Prise Zucker
Kreuzkümmelpulver
Tabil
Pfeffer
Salz

Zubereitung:
1. Schälen Sie die Kartoffeln, Zwiebel und den Knoblauch und schneiden Sie das Ganze in kleine Würfel. Kochen Sie die Kartoffeln in Salzwasser gar und geben Sie einige Minuten vor Ende der Garzeit die Nudeln dazu. Wenn beides fertig ist, gießen Sie das Wasser ab und halten die Zutaten warm.

2. Waschen und putzen Sie in der Zwischenzeit die Paprika und Peperoni und schneiden Sie sie in breite Streifen.

3. Dünsten Sie nach und nach die Zwiebel, Knoblauch und die Paprika- sowie Peperoni-Stücke an und geben Sie anschließend die Tomaten dazu. Fügen Sie das Tomatenmark, Lorbeerblätter, Zucker und die Kichererbsen hinzu und würzen Sie alles ordentlich mit den restlichen Gewürzen.

4. Gießen Sie alles mit 250 ml Wasser auf und lassen Sie das Gemisch einige Zeit köcheln.

5. Verteilen Sie die Nudeln und Kartoffeln auf den Tellern und geben Sie großzügig Sauce darüber.

Tipp: Die Nudeln und Kartoffeln können Sie auch getrennt voneinander kochen!

MZOURA

Nährwerte: 279,9 kcal, 42,1 g Kohlenhydrate, 8,7 g Fett, 3,3 g Eiweiß

Zubereitungszeit: 20 Minuten
Schwierigkeitsgrad: leicht
Portionen: 4

Zutaten:

800 g Pastinaken
1 Zwiebel
3 Knoblauchzehen
3 EL Olivenöl
2 TL Kreuzkümmel
1 TL gemahlener Koriander
2 TL Harissapaste
2 EL Agavendicksaft
1 EL frischer Koriander

Zubereitung:

1. Schälen Sie die Pastinaken und kochen Sie sie in Salzwasser gar. Wenn sie fertig sind, lassen Sie sie in einem Sieb abtropfen. Schneiden Sie sie danach in mundgerechte Stücke.

2. Schälen Sie anschließend die Zwiebel und den Knoblauch, hacken Sie beides sehr fein und dünsten Sie das Ganze in Olivenöl an. Fügen Sie danach Kreuzkümmel, gemahlenen Koriander und die Harissapaste hinzu.

3. Geben Sie die Pastinaken und ½ Tasse Wasser dazu, vermengen Sie alles und lassen Sie das Wasser einkochen. Zum Schluss träufeln Sie den Agavendicksaft darüber, lassen das Gemisch noch ein paar Minuten köcheln und servieren es dann. Garnieren Sie es mit Korianderblättern.

Tipp: Mit einem Sojajoghurt, ein paar Kräutern, Salz und Pfeffer können Sie leicht einen Dip zaubern und dazu ein Fladenbrot anbieten!

KÜRBIS-FEIGEN-TAJINE

Nährwerte: 331,3 kcal, 62,1 g Kohlenhydrate, 3,3 g Fett, 9,6 g Eiweiß

Zubereitungszeit: 30 Minuten
Schwierigkeitsgrad: leicht
Portionen: 4

Zutaten:

1000 g Hokkaidokürbis
2 rote Zwiebeln
500 g frische Feigen
1 Bund Koriandergrün
2 Knoblauchzehen
100 g Sojajoghurt
etwas Gemüsebrühe
1 Msp. Harissapaste
2 TL Ras el Hanout
1 TL gehackter Ingwer
Olivenöl
Pfeffer
Salz

Zubereitung:

1. Waschen, halbieren und entkernen Sie den Kürbis. Scheiden Sie das Fruchtfleisch mit Schale in kleine Würfel. Schälen Sie den Knoblauch und pürieren Sie ihn gemeinsam mit dem Ingwer, Harissa und Ras el Hanout.

2. Schälen Sie danach die Zwiebeln und schneiden Sie sie in kleine Würfel. Braten Sie sie in ausreichend Öl glasig. Geben Sie das Pürierte dazu und rösten Sie es kurz mit.

3. Mischen Sie die Kürbisstücke hinzu und braten Sie sie 10 Minuten mit. Würzen Sie das Ganze zwischenzeitlich mit Pfeffer und Salz. Falls erforderlich, gießen Sie etwas Brühe dazu.

4. Waschen und halbieren Sie währenddessen die Feigen. Fügen Sie sie anschließend mit der Hälfte des Sojajoghurts hinzu. Lassen Sie das Gemisch noch 10 Minuten köcheln. Fertig!

5. Waschen Sie zum Schluss den Koriander, tupfen Sie ihn trocken und schneiden Sie ihn klein. Vermischen Sie ihn mit dem restlichen Sojajoghurt und würzen Sie die Mischung mit Pfeffer und Salz. Servieren Sie den Dip zum Gemüse.

Tipp: Als Beilage empfehlen wir Ihnen Couscous oder Reis und natürlich den vorbereiteten Dip!

KARTOFFEL-MÖHREN-TAJINE

Nährwerte: 344,1 kcal, 47,3 g Kohlenhydrate, 13,9 g Fett, 7,2 g Eiweiß

Zubereitungszeit: 25 Minuten
Schwierigkeitsgrad: leicht
Portionen: 4

Zutaten:
1000 g Kartoffeln
3 Karotten
2 Tomaten
2 Knoblauchzehen
1 Handvoll Koriandergrün
1 TL Fenchelsamen
1 EL Harissapaste
1 Prise Kurkuma
1 Prise Zimt
250 ml Gemüsebrühe
4 EL Olivenöl
100 g schwarze Oliven
Pfeffer
Salz

Zubereitung:
1. Schälen Sie die Kartoffeln, Karotten und den Knoblauch. Schneiden Sie alles in grobe Stücke.

2. Waschen Sie die Tomaten, entfernen Sie den Stielansatz und zerkleinern Sie sie zu kleinen Würfeln. Waschen Sie das Koriandergrün, tupfen Sie es trocken und hacken Sie es fein. Mischen Sie danach alle Gewürze.

3. Braten Sie nach und nach Kartoffeln, Knoblauch und Karotten in Olivenöl an. Fügen Sie die Hälfte der Gewürze, die Brühe und die Tomatenstückchen hinzu.

4. Lassen Sie das Gemisch ca. 25 Minuten köcheln. Geben Sie danach die Oliven und das Koriandergrün hinzu.

5. Nach weiteren 5 Minuten können Sie alles mit Salz und Pfeffer abschmecken und anrichten.

Tipp: Wenn Sie das Gericht servieren, verteilen Sie als Dekoration die restliche Gewürzmischung darauf!

GEFÜLLTE PAPRIKA

Nährwerte: 364,4 kcal, 45,4 g Kohlenhydrate, 12,4 g Fett, 12,6 g Eiweiß

Zubereitungszeit: 20 Minuten
Schwierigkeitsgrad: leicht
Portionen: 2

Zutaten:

1 große Zwiebel
400 g Paprikaschoten
75 g Langkornreis
50 g Rosinen
30 g Pinienkerne
1 Tomate
1 Eiweiß
½ TL Zimtpulver
2 EL Instant-Gemüsebrühe
2 EL Olivenöl
etwas Nelkenpulver
Pfeffer
Salz

Zubereitung:

1. Kochen Sie den Reis nach Packungsanweisung gar. Waschen Sie die Tomate, schneiden Sie den Stielansatz ab, halbieren und entkernen Sie sie.

2. Schälen Sie die Zwiebel und schneiden Sie sie gemeinsam mit den Tomatenstücken in kleine Würfel.

3. Rösten Sie die Pinienkerne in einer Pfanne ohne Öl.

4. Waschen Sie die Paprikaschoten, halbieren Sie sie und entfernen Sie die Kerne.

5. Mischen Sie die restlichen Zutaten miteinander und sparen Sie dabei nicht an Pfeffer und Salz. Füllen Sie die Paprikahälften mit dem Gemisch und geben Sie sie in eine gefettete Auflaufform.

6. Heizen Sie den Backofen auf 200 °C Ober-/Unterhitze vor und backen Sie das Ganze ca. 10 – 15 Minuten.

Tipp: Dieses Gericht ist auch kalt ein Genuss!

AUBERGINEN MIT HARISSA

Nährwerte: 131,2 kcal, 10,4 g Kohlenhydrate, 5,0 g Fett, 5,4 g Eiweiß

Zubereitungszeit: 45 Minuten
Schwierigkeitsgrad: leicht
Portionen: 2

Zutaten:

2 – 3 Auberginen
Harissapaste
Salz
Olivenöl

Zubereitung:

1. Waschen Sie die Auberginen, schneiden Sie den Stielansatz ab und danach alles in dünne Scheiben. Salzen Sie das Ganze von beiden Seiten und lassen Sie die Stücke für 30 Minuten ruhen.

2. Lassen Sie die Auberginen in einem Sieb abtropfen, erhitzen Sie 2 – 3 TL Harissa in 2 – 3 EL Olivenöl und frittieren Sie die Scheiben darin. Schmecken Sie das frittierte Gemüse mit Salz ab.

Tipp: Diese Auberginen können Sie mit Couscous als Gericht servieren oder auch als Snack anbieten!

COUSCOUS MIT GEMÜSE

Nährwerte: 261,5 kcal, 33,6 g Kohlenhydrate, 8,9 g Fett, 9,7 g Eiweiß

Zubereitungszeit: 20 Minuten
Schwierigkeitsgrad: leicht
Portionen: 4

Zutaten:

400 g Couscous
2 kleine Zucchini
1 Knoblauchzehe
1 Bund Frühlingszwiebeln
150 g TK-Bohnen
150 g TK-Erbsen
1 kleine Dose gehackte Tomaten
1 Msp. Safranpulver
½ TL Chilipulver
1 EL gehackte Petersilie
3 EL Öl
¼ L Gemüsebrühe
1 Handvoll frischer Koriander
Pfeffer
Salz

Zubereitung:

1. Lassen Sie das Gemüse auftauen und halbieren Sie danach die Bohnen.

2. Kochen Sie 400 ml Wasser mit Safran und Salz auf, geben Sie den Couscous in eine Schüssel und übergießen Sie ihn damit. Lassen Sie das Gemisch ca. 5 Minuten quellen und halten Sie das Ganze im Anschluss warm.

3. Waschen Sie die Zucchini, schneiden Sie sie in Scheiben, schälen Sie den Knoblauch und hacken Sie ihn klein. Waschen und putzen Sie die Frühlingszwiebeln. Schneiden Sie sie anschließend in feine Ringe.

4. Erhitzen Sie etwas Öl in einem Topf und dünsten Sie die Frühlingszwiebeln und die Bohnen einige Minuten an. Fügen Sie die Gewürze, Knoblauch, Tomaten, Erbsen und Zucchini dazu. Lassen Sie das Gemisch für 10 Minuten köcheln und mischen Sie es danach mit dem Couscous.

Tipp: Garnieren Sie den Couscous zum Schluss mit Petersilie, Koriander und ein paar Scheiben eingelegter Zitrone!

Desserts

FEIGENTÜTCHEN

Nährwerte: 845, 1 kcal, 69,3 g Kohlenhydrate, 53,7 g Fett, 19,9 g Eiweiß

Zubereitungszeit: 30 Minuten
Schwierigkeitsgrad: leicht
6 Portionen

Zutaten:

150 g Butter
150 g brauner Zucker
400 g reife Feigen
250 g Mandelkerne
1,5 TL Zimtpulver
6 Blätter Filo-Teig

Für die Sauce:
½ L Milch
1 Vanilleschote
6 Eigelb
90 g Zucker

Zubereitung:

1. Geben Sie 100 g Butter in einen Topf und lassen Sie sie schmelzen. Fügen Sie den Zucker zum Karamellisieren hinzu.

2. Waschen Sie die Feigen, tupfen Sie sie trocken und hacken Sie sie klein. Anschließend können Sie die Mandeln, die kleingehackten Feigen und den Zimt mit in den Topf geben. Das Ganze lassen Sie 3 Minuten köcheln und dann abkühlen.

3. Schneiden Sie die Teigplatten nun jeweils in vier Dreiecke und setzen Sie von der Füllung je einen Klecks in die Mitte. Drehen Sie die Ecken wie kleine Tütchen zusammen und fixieren Sie sie mit einem Zahnstocher.

4. Jetzt schmelzen Sie die restliche Butter und bestreichen jedes Tütchen damit. Heizen Sie den Backofen auf 200 °C vor und backen Sie das Süßgebäck für ca. 5 Minuten.

5. Bereiten Sie in der Zwischenzeit die Sauce vor. Kratzen Sie dazu das Vanillemark aus, geben Sie es mit der Milch in einen Topf und erhitzen Sie das Gemisch. Schlagen Sie die Eigelbe mit dem Zucker schaumig und rühren Sie sie zügig in die heiße Milch. Nehmen Sie die Temperatur weg und rühren Sie das Gemisch, bis es eindickt.

Tipp: Geben Sie jeweils ein Tütchen in die Tellermitte und gießen Sie die Sauce drumherum.

SESAMKUGELN

Nährwerte: 218,3 kcal, 51,3 g Kohlenhydrate, 0,7 g Fett, 0,7 g Eiweiß

Zubereitungszeit: 20 Minuten
Schwierigkeitsgrad: leicht
Portionen: 4

Zutaten:
500 g Sesamsaat
100 ml Orangenblütenwasser
100 g Puderzucker
100 g feiner Zucker
3 Orangen

Zubereitung:
1. Rösten Sie den Sesam in einer Pfanne ohne Öl und lassen Sie das Ganze abkühlen. Pürieren Sie das Geröstete mit dem Orangenblütenwasser und dem feinen Zucker. Kneten Sie den Teig hinterher durch.

2. Geben Sie den Puderzucker auf eine Arbeitsfläche und formen Sie aus dem Teig eine Rolle. Wenden Sie die Rolle im Puderzucker, zerteilen Sie sie und formen Sie kleine Kugeln aus den Stücken.

3. Pressen Sie die Orangen aus und servieren Sie den Orangensaft zu der Leckerei.

Tipp: Diese Süßigkeit ist auch für Naschkatzen ein tolles Geschenk!

MANDELKUGELN – KABER ELLOUZ

Nährwerte: 826,0 kcal, 130,1 g Kohlenhydrate, 28,0 g Fett, 10,5 g Eiweiß

Schwierigkeitsgrad: leicht
Zubereitungszeit: 20 Minuten
6 Portionen

Zutaten:
300 gemahlene Mandeln
150 g Zucker
1 Päckchen Vanillezucker
20 ml Rosenwasser
100 ml Wasser
Lebensmittelfarbe rot und grün
Zucker zum Rollen der Süßigkeit

Zubereitung:
1. Geben Sie den Zucker und das Wasser in einen Topf und kochen Sie das Ganze auf. Nach 10 Minuten fügen Sie das Rosenwasser hinzu.

2. Geben Sie die Mandeln in eine Schüssel, gießen Sie die Flüssigkeit dazu und verrühren Sie alles gründlich zu einem Teig. Arbeiten Sie danach auf einer Arbeitsfläche weiter.

3. Teilen Sie den Teig in drei Kugeln. Färben Sie zwei davon mit der Lebensmittelfarbe in rot und grün. Rollen Sie anschließend aus den Kugeln drei Stränge und flechten Sie diese zu einem Zopf.

4. Jetzt schneiden Sie gleichgroße Stücke daraus und formen jedes Stück zu einer Kugel, die nun drei Farben enthält. Geben Sie den Zucker in einen tiefen Teller und rollen Sie die Kugeln darin. Fertig!

SESAMTARTELETTE

Nährwerte: 221,4 kcal, 86,9 g Kohlenhydrate, 131,1 g Fett, 48,4 g Eiweiß

Zubereitungszeit: 25 Minuten
Schwierigkeitsgrad: leicht
Portionen: 8

Zutaten:
200 g Sesam
100 g gemahlene Haselnüsse
100 g weiche Butter
200 g Honig
3 EL Pistazien
8 Tartelettes

Zubereitung:
1. Rösten Sie den Sesam und die gemahlenen Haselnüsse in einer Pfanne ohne Fett und lassen Sie das Gemisch abkühlen.

2. Geben Sie die Butter und den Honig in einen Topf und wärmen Sie das Ganze, bis eine homogene Mischung entsteht. Rühren Sie danach die Sesam-Nuss-Mischung hinein. Pürieren Sie alles mit dem Pürierstab durch.

3. Verteilen Sie die Creme auf jeder Tartelette, streichen Sie die Oberfläche glatt und garnieren Sie sie jeweils mit Pistazien.

Tipp: Wenn Sie frisches Obst zur Hand haben, können Sie die kleinen Törtchen noch damit verschönern!

DESSERT AUS GETREIDE – BOUZA „DROO“

Nährwerte: 646,1 kcal, 78,8 g Kohlenhydrate, 26,6 g Fett, 19,5 g Eiweiß

Schwierigkeitsgrad: leicht
Zubereitungszeit: 10 Minuten
8 Portionen

Zutaten:
1500 ml Milch
300 g Zucker
350 g Droo-Pulver
250 g Sesam

Zubereitung:
1. Mischen Sie Zucker, Droo-Pulver und den Sesam in einem Topf und rühren Sie die Milch hinein.

2. Erhitzen Sie das Gemisch unter ständigem Rühren. Wenn die Konsistenz cremig wird, ist das Ganze fertig.

Tipp: Mit Granatapfelkernen, Datteln, verschiedenen Obstsorten und Nüssen können Sie den Nachtisch noch verfeinern!

BAMBALOUNI

Nährwerte für den gesamten Teig: 3047,4 kcal, 460,5 g Kohlenhydrate, 102,5 g Fett, 59,5 g Eiweiß

Zubereitungszeit: 2,5 Stunden
Schwierigkeitsgrad: leicht
1 Portion Teig

Zutaten:

500 g Mehl
1 Würfel Hefe
1 TL Salz
1 Ei
300 ml lauwarmes Wasser
1 Schuss Olivenöl
ausreichend Öl zum Ausbacken
100 g Zucker (oder Honig)

Zubereitung:

1. Geben Sie das Mehl, Salz, Ei und etwas Olivenöl in eine Schüssel. Verquirlen Sie die Hefe und 1 TL Zucker mit dem warmen Wasser. Achten Sie darauf, dass sich die Hefe ganz auflöst. Gießen Sie das Gemisch zu den restlichen Zutaten und kneten Sie das Ganze ordentlich durch. Wenn alles gut vermengt ist, decken Sie die Schüssel mit einem Tuch ab und lassen den Teig 1 – 2 Stunden an einem warmen Ort gehen.

2. Erhitzen Sie einen Topf mit Öl und formen Sie nun apfelgroße Kugeln aus dem Teig. Tauchen Sie dabei Ihre Hände in Wasser, damit der Teig nicht so stark daran kleben bleibt. Ziehen Sie die Kugeln etwas auseinander, damit in der Mitte ein Loch entsteht. Die Kringel backen Sie jetzt im Öl goldbraun. Lassen Sie sie danach kurz abtropfen und wenden Sie sie noch heiß in dem restlichen Zucker.

Tipp: Statt die Kringel im Zucker zu wenden, können Sie sie auch mit Honig bestreichen!

BOULOU

Nährwerte: 433,1 kcal, 58,4 g Kohlenhydrate, 18,3 g Fett, 8,7 g Eiweiß

Zubereitungszeit: 60 Minuten
Schwierigkeitsgrad: leicht
Portionen: 4

Zutaten:
500 g Mehl
1 Päckchen Backpulver
125 g Zucker
2 Eier
100 ml Erdnussöl
1 Handvoll Rosinen
1 EL Abrieb einer Bio-Orange
2 TL Anissamen
4 EL Orangensaft
1 Eigelb
etwas Salz und Zucker
50 g Mandelsplitter

Zubereitung:
1. Geben Sie das Mehl in eine große Schüssel, vermengen Sie es mit dem Backpulver, Zucker, 2 Eiern, Erdnussöl, Rosinen, Anissamen, Orangenabrieb und -saft. Kneten Sie daraus eine homogene Masse.

2. Formen Sie daraus einen Laib und verrühren Sie das Eigelb mit etwas Salz, Zucker und Wasser. Bestreichen Sie den Teig mit dieser Mischung und streuen Sie die Mandelsplitter darüber. Drücken Sie sie etwas fest und legen Sie den Laib auf ein mit Backpapier ausgelegtes Backblech.

3. Heizen Sie den Backofen auf 180 °C Ober-/Unterhitze vor und backen Sie den Kuchen ca. 40 Minuten.

Tipp: Zum Kuchen isst man in Tunesien Quittenmarmelade und trinkt dazu Zitronenwasser oder Kaffee. Ein kulinarisches Muss an „Kippur"!

BASBOUSSA À LA CRÈME

Nährwerte: 369,8 kcal, 18,3 g Kohlenhydrate, 29,8 g Fett, 6,2 g Eiweiß

Zubereitungszeit: 50 Minuten
Schwierigkeitsgrad: mittel
Portionen: 12

Zutaten:

200 g Weichweizengrieß
750 ml Milch
250 ml Speiseöl
200 g Zucker
1 Päckchen Vanillezucker
1 TL Backpulver
3 Eier
2 EL Speisestärke
1 EL Mehl
200 g Crème fraîche

Zum Füllen:
Marmelade
1 Handvoll Pistazien

Zubereitung:

1. Vermischen Sie zunächst den Grieß, 100 g Zucker, Vanillezucker und Backpulver. Fügen Sie die Eier hinzu und vermengen Sie das Ganze gründlich. Rühren Sie nun abwechselnd 250 ml Milch und das Öl dazu, bis der Teig cremig ist.

2. Fetten Sie eine Springform ein, heizen Sie den Backofen auf 180 °C Ober-/Unterhitze vor und verteilen Sie die Hälfte des Teigs in der Form. Backen Sie den Kuchen, bis er fest ist. Prüfen Sie dies mit einem Holzstäbchen. Wenn kein Teig mehr daran haftet, können Sie den Kuchen aus dem Ofen nehmen.

3. Bereiten Sie zwischenzeitlich die Creme vor, indem Sie die restlichen 500 ml Milch mit Mehl und Speisestärke vermengen und das Gemisch aufkochen. Rühren Sie die Crème fraîche dazu und lassen Sie alles kurz köcheln. Heben Sie die Pistazien unter die Masse und lassen Sie sie abkühlen.

4. Verteilen Sie die Creme auf dem Boden und lassen Sie sie ca. 10 Minuten ruhen, bevor Sie auch den restlichen Kuchenteig darüber verteilen. Backen Sie den geschichteten Kuchen noch so lange, bis alles durchgebacken ist. Machen Sie daher wieder die Stäbchenprobe.

5. Kochen Sie jetzt 250 ml Wasser mit 100 g Zucker auf und lassen Sie den Sirup ca. 15 – 20 Minuten köcheln. Lassen Sie die Flüssigkeit abkühlen und gießen Sie sie danach über den noch heißen Kuchen. Der Kuchen muss nun mehrere Stunden im Kühlschrank ruhen.

6. Nehmen Sie etwas Marmelade und erhitzen Sie sie. Danach bestreichen Sie den Kuchen damit und verteilen noch ein paar Pistazien darauf. Schneiden Sie ihn nun in kleine Stücke und servieren Sie ihn frisch als Dessert.

OHREN DES RICHTERS – WUTHAN AL GATI

Nährwerte für den gesamten Teig: 2284,7 kcal, 475,5 g Kohlenhydrate, 43,0 g Fett, 43,5 g Eiweiß

Zubereitungszeit: 50 Minuten
Schwierigkeitsgrad: leicht

Zutaten:

250 g Mehl
½ Päckchen Backpulver
50 g Speisestärke
4 Eier
1 Prise Salz
2 EL Speiseöl
Öl zum Frittieren

Für den Sirup:
500 ml Wasser
450 g Zucker
2 EL Zitronensaft

Zubereitung:

1. Geben Sie alle Teigzutaten in eine Schüssel und kneten Sie daraus einen Teig. Lassen Sie ihn zugedeckt für ca. 30 Minuten ruhen.

2. Erhitzen Sie das Frittierfett. Teilen Sie den Teig in kleine Kugeln auf und rollen Sie diese auf einer bemehlten Arbeitsfläche hauchdünn aus. Schneiden Sie die Teigflächen in Streifen und rollen Sie diese mit einer Gabel einzeln zusammen. Lassen Sie den Teig von der Gabel in das heiße Fett gleiten und backen Sie das Gebäck goldbraun aus.

3. Geben Sie das Wasser und den Zucker zwischenzeitlich in einen Topf und kochen Sie das Ganze auf. Fügen Sie den Zitronensaft hinzu.

4. Wenn alles gut vermengt ist, geben Sie die frittierten „Ohren“ für kurze Zeit hinein.

5. Holen Sie sie danach wieder aus dem Topf und lassen Sie sie auf einem Rost abtropfen.

Tipp: Achten Sie darauf, dass das Fett beim Frittieren nicht zu heiß wird!

DATTELTORTE

Nährwerte: 524,6 kcal, 66,6 g Kohlenhydrate, 24,4 g Fett, 7,3 g Eiweiß

Zubereitungszeit: 40 Minuten
Schwierigkeitsgrad: mittel
Portionen: 8

Zutaten:

250 g frische Datteln
100 g gemahlene Haselnüsse
100 g gehackte Walnüsse
80 g Zucker
60 g flüssige Butter
4 Eier
1 EL Honig
1 Päckchen Vanillezucker
30 g Speisestärke
200 g Puderzucker
2 EL Zitronensaft
12 Datteln zum Dekorieren
1 EL Orangenblütenwasser

Zubereitung:

1. Fetten Sie eine Springform und heizen Sie den Backofen auf 220 °C Ober-/Unterhitze vor. Schneiden Sie 250 g Datteln in kleine Würfelchen und mischen Sie sie mit den Nüssen, Honig, Zucker und der flüssigen Butter.

2. Trennen Sie die Eier und schlagen Sie das Eigelb mit dem Orangenblütenwasser und dem Vanillezucker schaumig. Rühren Sie die Speisestärke sowie die Dattelmasse dazu und schlagen Sie das Eiweiß steif. Heben Sie es danach vorsichtig unter den Teig.

3. Füllen Sie ihn in die Springform und streichen Sie ihn glatt.

4. Backen Sie den Kuchen ca. 20 Minuten und verringern Sie die Hitzezufuhr auf 180 °C. Nach weiteren 5 – 10 Minuten ist der Kuchen fertig.

5. Lassen Sie ihn danach abkühlen und rühren Sie währenddessen aus Puderzucker, Zitronensaft und etwas Wasser eine Glasur an. Bestreichen Sie den Kuchen damit und verteilen Sie die restlichen Datteln darauf. Wenn das Ganze getrocknet ist, können Sie die Torte genießen!

Tipp: Halbieren Sie die Datteln und verteilen Sie die Hälften auf dem Guss!

Spezialrezepte

OJJA

Nährwerte für 100 g: 382,4 kcal,
61,6 g Kohlenhydrate, 13,9 g Fett, 2,4 g Eiweiß

Zubereitungszeit: 15 Minuten
Schwierigkeitsgrad: leicht
1 Portion

Zutaten:
100 ml Öl
1 Tasse Wasser
2 EL Tomatenmark
1 TL Harissapaste
1 TL Kümmelpulver
1 TL Kreuzkümmelpulver
1 TL roter Pfeffer
2 Knoblauchzehen
4 Eier
Pfeffer
Salz

Zubereitung:
1. Erhitzen Sie das Öl in einer Pfanne und verrühren Sie zwischenzeitlich das Tomatenmark mit dem Wasser. Gießen Sie das Gemisch in das heiße Fett und lassen Sie es köcheln, bis das Wasser verdunstet ist. Geben Sie danach die restlichen Gewürze dazu und gießen Sie dabei wieder etwas Wasser nach.

2. Schälen und pressen Sie den Knoblauch und fügen Sie ihn hinzu. Nach 5 Minuten verquirlen Sie die Eier und geben sie ebenfalls dazu. Lassen Sie danach das Ganze bei geringer Hitzezufuhr stocken.

Tipp: Hier handelt es sich um ein traditionelles Grundrezept für eine tunesische Tomatensauce. Sie kann beliebig abgewandelt werden. Landestypisch wird davon manchmal nur 1 – 2 EL benutzt!

GHRIBIAS

Nährwerte: 747,6 kcal, 3,9 g Kohlenhydrate, 79,9 g Fett, 6,1 g Eiweiß

Zubereitungszeit: 40 Minuten
Schwierigkeitsgrad: leicht
Portionen: 4

Zutaten:
90 ml flüssige Butter
180 ml Speiseöl
140 g Zucker
1 Päckchen Vanillezucker
1 Päckchen Backpulver
Sesamsamen
Mehl
Zimtpulver

Zubereitung:
1. Verrühren Sie die Butter, das Öl und den Zucker sowie Vanillezucker. Geben Sie den Sesam und das Backpulver dazu. Kneten Sie so viel Mehl hinein, bis der Teig fest genug ist.

2. Heizen Sie den Backofen auf 180 °C Ober-/Unterhitze vor und legen Sie ein Backblech mit Backpapier aus. Formen Sie nun walnussgroße Kugeln und setzen Sie sie auf das Papier.

3. Backen Sie das Gebäck nun 25 – 30 Minuten und bestreuen Sie es hinterher mit etwas Zimt.

„OMMEK“ HOURIA – BROTAUFSTRICH

Nährwerte pro 100 g: 633,1 kcal
0,2 g Kohlenhydrate, 75,2 g Fett, 0,1 g Eiweiß

Zubereitungszeit: 25 Minuten
Schwierigkeitsgrad: leicht
Portionen: 1

Zutaten:

6 Möhren
3 Knoblauchzehen
1 kleine Zwiebel
3 EL Olivenöl
Kreuzkümmelpulver
Harissapaste
Essig
Pfeffer
Salz

Zubereitung:

1. Schälen Sie die Möhren, den Knoblauch und die Zwiebel. Schneiden Sie die Möhren und den Knoblauch in grobe Stücke und kochen Sie beides in Salzwasser, bis alles weich ist. Lassen Sie das Gemisch hinterher in einem Sieb abtropfen

2. Hacken Sie die Zwiebel fein und vermengen Sie sie mit je 1 EL Harissa, Essig und Öl. Geben sie das Gekochte dazu und pürieren Sie alles mit einem Pürierstab. Schmecken Sie den Aufstrich mit Salz, Pfeffer und Kreuzkümmel ab.

Tipp: Ein leckerer Aufstrich mit herrlich duftendem Brot wird Ihnen den heutigen Tag verschönern!

MANDELMILCH

Nährwerte: 1255,4 kcal, 127,0 g Kohlenhydrate, 65,2 g Fett, 65,2 g Eiweiß

Zubereitungszeit: 15 Minuten
Schwierigkeitsgrad: leicht
Portionen: 4

Zutaten:
250 g gemahlene Mandeln
350 g Puderzucker
3 L Vollmilch
3 EL Orangenblütenwasser

Zubereitung:
1. Zunächst mischen Sie die Mandeln, 175 g Puderzucker und 1 L Milch und lassen das Gemisch 5 Minuten stehen.

2. Verrühren Sie nun 2 L Milch, den restlichen Puderzucker und das Orangenblütenwasser. Sieben Sie das vorbereitete Mandelgemisch durch ein Sieb und rühren Sie es unter die Flüssigkeit.

Tipp: Servieren Sie die Milch eiskalt!

ORANGENSALAT

Nährwerte: 255,4 kcal, 38,9 g Kohlenhydrate, 6,3 g Fett, 5,9 g Eiweiß

Zubereitungszeit: 20 Minuten
Schwierigkeitsgrad: leicht
Portionen: 2

Zutaten:

3 große Orangen
6 entsteinte Datteln
2 EL gehackte Mandeln
½ EL frische Minze
½ EL frische Blattpetersilie
Zimtpulver

Zubereitung:

1. Rösten Sie die Mandeln in einer Pfanne ohne Fett. Schälen und filetieren Sie die Orangen. Versuchen Sie dabei, den austretenden Saft aufzufangen.

2. Waschen Sie die Minze und die Petersilie, tupfen Sie sie trocken und schneiden Sie sie in feine Streifen. Anschließend zerkleinern Sie die Datteln in kleine Würfel.

3. Geben Sie alle Zutaten in eine Schüssel, vermengen Sie sie langsam und schmecken Sie das Ganze mit Zimtpulver ab.

Tipp: Dieser Salat darf auf keinem Büfett fehlen!

TUNESISCHER SALAT

Nährwerte: 461,3 kcal, 2,0 g Kohlenhydrate, 50,2 g Fett, 0,3 g Eiweiß

Zubereitungszeit: 20 Minuten
Schwierigkeitsgrad: leicht
Portionen: 4

Zutaten:
1 grüne Paprikaschote
6 Karotten
1 rote Zwiebel
1 Dose Thunfisch (im eigenen Saft)
10 schwarze Oliven (entkernt)
3 EL Zitronensaft
3 EL Olivenöl
Pfeffer
Salz

Zubereitung:
1. Schälen Sie die Karotten und die Zwiebel. Waschen, halbieren und entkernen Sie die Paprikaschote. Schneiden Sie die Karotten in dünne Scheiben und blanchieren Sie sie in Salzwasser. Geben Sie sie zum Abtropfen hinterher in ein Sieb.

2. Schneiden Sie die Paprikastücke und die Zwiebel in hauchdünne Scheiben und gießen Sie den Thunfischsaft ab.

3. Verrühren Sie den Zitronensaft mit Olivenöl, Salz und Pfeffer und schmecken Sie das Dressing ab. Geben Sie die Karotten in eine Schüssel und verteilen Sie die Zwiebel, Paprika, Thunfisch und Oliven darüber. Gießen danach das Dressing gleichmäßig darauf.

TUNESISCHE GEWÜRZMISCHUNG – RAS EL HANOUT

Nährwerte: 375,7 kcal, 58,9 g Kohlenhydrate, 7,1 g Fett, 12,3 g Eiweiß

Zubereitungszeit: 10 Minuten
Schwierigkeitsgrad: leicht
Portionen: 1

Zutaten:

2 EL weißer Pfeffer
1 EL schwarzer Pfeffer
1 TL Rosmarin
1 TL Kreuzkümmel
1 TL Ingwer
1 TL Anis
2 EL Paprikapulver (edelsüß)
½ TL Paprikapulver (rosenscharf)
1 TL Kardamompulver
1 EL Rosenblütenblätter
2 EL Safran
2 TL Knoblauchpulver
1 TL Thymian
½ TL Zimt

Zubereitung:

1. Geben Sie alle Gewürze in einen Mörser und zerkleinern Sie das Ganze sehr fein.

2. Füllen Sie die Gewürzmischung in ein trockenes, verschließbares Gefäß.

Tipp: Diese Mischung ist ein Muss in der tunesischen Küche. Sie können Sie zum Würzen in nahezu jedem deftigen Rezept verwenden. Legen Sie sich daher ruhig einen Vorrat zu!

KICHERERBSEN-SALAT

Nährwerte: 208,9 kcal, 17,7 g Kohlenhydrate, 12,4 g Fett, 6,1 g Eiweiß

Zubereitungszeit: 10 Minuten
Schwierigkeitsgrad: leicht
Portionen: 4

Zutaten:

1 große Dose Kichererbsen
2 Zwiebeln
3 Knoblauchzehen
1 Bund frische Petersilie
6 EL Olivenöl
3 EL Essig
Pfeffer
Salz

Zubereitung:

1. Schälen Sie die Zwiebel und den Knoblauch und schneiden Sie das Ganze in winzige Würfel. Waschen Sie die Petersilie und hacken Sie sie fein. Vermischen Sie diese Zutaten mit Öl und Essig und würzen Sie ordentlich mit Salz und Pfeffer.

2. Lassen Sie die Kichererbsen gut abtropfen und vermengen Sie sie mit dem Dressing. Danach sollte der Salat noch einige Zeit durchziehen.

Tipp: Falls Sie es etwas schärfer mögen, können Sie hier auch noch Chilipulver hinzugeben!

EINGELEGTE ZITRONEN

Nährwerte: 1746,5 kcal, 15,4 g Kohlenhydrate, 148,3 g Fett, 4,8 g Eiweiß

Zubereitungszeit: 20 Minuten
Schwierigkeitsgrad: leicht
Portionen: 1

Zutaten:

5 Bio-Zitronen – oder mehr
8 Knoblauchzehen
Fleur de Sel
Olivenöl

Zubereitung:

1. Waschen Sie die Zitronen und reiben Sie sie trocken. Schneiden Sie sie gemeinsam mit dem geschälten Knoblauch in Scheiben.

2. Schichten Sie nun die Zitronenscheiben in einem Einmachglas. Salzen Sie das Ganze zwischen den Schichten und verteilen Sie dabei auch die Knoblauchscheiben gleichmäßig auf das Glas. Gießen Sie langsam Olivenöl dazu. Schwenken Sie das Gefäß vorsichtig, damit sich das Öl zwischen den Schichten verteilt. Verschließen Sie danach das Glas dicht.

3. Stellen Sie das Glas in den Kühlschrank. Die Fruchtmenge sollte stets 2 – 3 cm unter dem Gefäßrand enden und gut mit Öl bedeckt sein. Nach 5 Tagen können Sie die ersten Zitronen verwenden.

Tipp: Für Gegrilltes, Tajinen, Couscous- und Reisgerichte sind diese Zitronen in der tunesischen Küche unverzichtbar. Auch das Öl können Sie sehr gut zum Kochen verwenden. Das Gemisch ist bei kühler Lagerung mehrere Monate haltbar!

GEFÜLLTE DATTELN

Nährwerte: 541,1 kcal, 36,4 g Kohlenhydrate, 36,7 g Fett, 11,6 g Eiweiß

Zubereitungszeit: 15 Minuten
Schwierigkeitsgrad: leicht
Portionen: 1

Zutaten:
10 Datteln
10 ganze Mandeln
Butter

Zubereitung:
1. Schneiden sie die Datteln ein und geben Sie in jede aufgeschnittene Dattel etwas Butter.

2. Legen Sie eine Mandel hinein und drücken Sie die Datteln zusammen.

Tipp: Für diese Köstlichkeit finden Sie bei jedem Essen Abnehmer!

TUNESISCHE GEWÜRZPASTE – HARISSA

Nährwerte: 1024,7 kcal, 17,5 g Kohlenhydrate, 93,1 g Fett, 5,6 g Eiweiß

Zubereitungszeit: 30 Minuten
Schwierigkeitsgrad: leicht
Portionen: 1

Zutaten:
130 g gemischte Chilischoten
3 Knoblauchzehen
1 TL Korianderpulver
½ TL Kümmelpulver
½ TL Kreuzkümmelpulver
1 rote Paprikaschote
1 TL Meersalz
100 ml Olivenöl
1 TL frische Minze (gehackt)

Zubereitung:
1. Waschen und entkernen Sie die Chilischoten und die Paprikaschote. Übergießen Sie beides mit heißem Wasser und lassen Sie das Ganze ca. 30 Minuten einweichen. Drücken Sie die Chilischote aus und lassen Sie sie gut trocknen. Häuten Sie die Paprikaschote und rösten Sie sie in etwas Öl an.

2. Geben Sie nun alles mit den restlichen Zutaten in einen Mixer und pürieren Sie das Gemisch. Seien Sie mit der Ölzugabe etwas vorsichtig, damit die Konsistenz nicht zu flüssig wird. Gießen Sie das Öl daher langsam hinein. Die fertige Paste füllen Sie nun in sterile Gläser mit Schraubverschluss und kochen sie für 1 Stunde ein.

Tipp: Falls Sie sich das Einkochen ersparen wollen, können Sie auch etwas Öl zum Konservieren auf den Portionen verteilen. Dadurch ist das Gemisch bei kühler Lagerung 8 – 10 Tage haltbar!

BRIK

Nährwerte: 129,3 kcal, 5,8 g Kohlenhydrate, 0,2 g Fett, 1,4 g Eiweiß

Zubereitungszeit: 30 Minuten
Schwierigkeitsgrad: mittel
Portionen: 8

Zutaten:

1000 g gekochte Pellkartoffeln
2 Packungen Mozzarella
2 Dosen Thunfisch (in Saft)
1 Packung Yufka-Teigblätter
2 Eier
½ Bund frische Blattpetersilie
etwas Harissapaste
1 Prise Pfeffer
1 Prise Salz
1 Tomate

Zubereitung:

1. Schälen Sie die warmen Kartoffeln und zerstampfen Sie diese. Waschen und hacken Sie die Petersilie, gießen Sie den Thunfischsaft ab und zerkleinern Sie den Fisch und den Mozzarella.

2. Geben Sie diese Zutaten zusammen mit den Eiern zu den Kartoffeln und vermengen Sie das Ganze gründlich. Zuletzt schmecken Sie alles mit Salz, Pfeffer und Harissa ab.

3. Füllen Sie nun jede Teigplatte mit 1 – 2 EL der Kartoffelmasse und falten Sie die Stücke zu Dreiecken zusammen. Braten Sie das Brik in ausreichend Öl goldbraun.

Tipp: Lassen Sie die Stücke hinterher auf einem Küchenpapier abtropfen!

CHORBA

Nährwerte: 425,0 kcal, 73,5 g Kohlenhydrate, 2,4 g Fett, 22,7 g Eiweiß

Zubereitungszeit: 30 Minuten
Schwierigkeitsgrad: leicht
Portionen: 4

Zutaten:
200 g Hlalem-Nudeln
200 g getrocknete Linsen
2 grüne Paprikaschoten
2 Zwiebeln
½ Dose Kichererbsen
1 Handvoll Petersilie
3 EL Tomatenmark
Olivenöl
2 TL Harissapaste
1 TL Tabil
1 TL Pfeffer
Salz

Zubereitung:
1. Waschen, halbieren und säubern Sie die Paprikaschoten. Schälen Sie die Zwiebeln und schneiden Sie beide Zutaten in kleine Würfel. Dünsten Sie das Ganze in Olivenöl nacheinander an. Geben Sie die Gewürze und das Tomatenmark dazu und vermengen Sie alles gründlich.

2. Gießen Sie die Kichererbsen ab und fügen Sie sie gemeinsam mit den Linsen hinzu. Füllen Sie das Ganze danach mit ca. 500 ml Wasser auf und lassen Sie das Gemisch so lange kochen, bis die Linsen weich sind. Geben Sie die Hlalem dazu und servieren Sie die Suppe, wenn diese gar sind.

Tipp: Schmecken Sie das Gericht vor dem Servieren nochmals mit Salz ab!

Haftungsausschluss

Die Umsetzung aller enthaltenen Informationen, Anleitungen und Strategien dieses Buches erfolgt auf eigenes Risiko. Für etwaige Schäden jeglicher Art kann der Autor aus keinem Rechtsgrund eine Haftung übernehmen. Für Schäden materieller oder ideeller Art, die durch die Nutzung oder Nichtnutzung der Informationen bzw. durch die Nutzung fehlerhafter und/oder unvollständiger Informationen verursacht wurden, sind Haftungsansprüche gegen den Autor grundsätzlich ausgeschlossen. Ausgeschlossen sind daher auch jegliche Rechts- und Schadenersatzansprüche. Dieses Werk wude mit größter Sorgfalt nach bestem Wissen und Gewissen erarbeitet und niedergeschrieben. Für die Aktualität, Vollständigkeit und Qualität der Informationen übernimmt der Autor jedoch keinerlei Gewähr. Auch können Druckfehler und Falschinformationen nicht vollständig ausgeschlossen werden. Für fehlerhafte Angaben vom Autor kann keine juristische Verantwortung sowie Haftung in irgendeiner Form übernommen werden.

Urheberrecht

Alle Inhalte dieses Werkes sowie Informationen, Strategien und Tipps sind urheberrechtlich geschützt. Alle Rechte sind vorbehalten. Jeglicher Nachdruck oder jegliche Reproduktion – auch nur auszugsweise – in irgendeiner Form wie Fotokopie oder ähnlichen Verfahren, Einspeicherung, Verarbeitung, Vervielfältigung und Verbreitung mit Hilfe von elektronischen Systemen jeglicher Art (gesamt oder nur auszugsweise) ist ohne ausdrückliche schriftliche Genehmigung des Autors strengstens untersagt. Alle Übersetzungsrechte vorbehalten. Die Inhalte dürfen keinesfalls veröffentlicht werden. Bei Missachtung behält sich der Autor rechtliche Schritte vor.